GUERRA À CORRUPÇÃO
Lições da Lava Jato

Sérgio Praça

GUERRA À CORRUPÇÃO

Lições da Lava Jato

Com entrevistas e
informações exclusivas

generale

Publisher
Henrique José Branco Brazão Farinha
Editora
Cláudia Elissa Rondelli Ramos
Preparação de texto
Cláudia Elissa Rondelli Ramos
Revisão
Gabriele Fernandes
Ariadne Martins
Projeto gráfico de miolo e editoração
Beluga Editorial
Capa
Beluga Editorial
Impressão
Assahi Gráfica

Copyright © 2018 *by* Sérgio Praça.

Rua Sergipe, 401 – Cj. 1.310 – Consolação
São Paulo – SP – CEP 01243-906
Telefone: (11) 3562-7814/3562-7815
Site: http://www.evora.com.br
E-mail: contato@editoraevora.com.br

P91g

    Praça, Sérgio, 1981
        Guerra à corrupção : lições da Lava Jato / Sérgio Praça. - São Paulo : Évora, 2017.
        128 p.; 16x23 cm.

    Inclui bibliografia.
    ISBN 978-85-8461-154-6

    1. Corrupção na política – Brasil. 2. Corrupção administrativa – Brasil. I. Título.

                                        CDD- 364.13230981

JOSÈ CARLOS DOS SANTOS MACEDO - BIBLIOTECÁRIO -- CRB7 N. 3575

Let me tell you about the very rich. They are different from you and me.

F. Scott Fitzgerald

The vice-presidency is not worth a bucket of warm piss.

John Granger, vice-presidente dos Estados Unidos de 1933 a 1941

Para Maria Clara.

Agradecimentos

Este livro se iniciou em uma conversa com Ricardo Redisch no início de 2016. Pensei que seria útil descrever e analisar a Operação Lava Jato com base em uma nova safra de estudos acadêmicos dedicada a entender o trabalho complexo de instituições de combate à corrupção no Brasil. É inevitável, no dia a dia dos escândalos, que certas simplificações sejam feitas pela imprensa e por atores políticos interessados em construir uma narrativa heroica, como os procuradores do Ministério Público Federal. Livros servem para colocar as coisas em perspectiva e, quem sabe, guiar discussões que ficam latentes no cotidiano jornalístico, obrigado a tratar de depoimentos, prisões e outras idas e vindas dos empresários e políticos.

E livros não são feitos apenas por seus autores. Tenho a sorte e o privilégio de contar com colegas, na FGV-RJ e em outros lugares, com quem discuto os temas tratados neste livro há alguns anos. Agradeço especialmente a Beatriz Rey, Bruno Hoepers, Carlos Pereira, Felix Lopez, Fernando Limongi, Greg Michener, João Villaverde, Katherine Bersch, Marcos Fernandes, Marcus Melo, Mariana Batista e Matthew Taylor por compartilharem, nos últimos tempos, observações sobre corrupção e o sistema político brasileiro.

Cinquenta e quatro pessoas foram entrevistadas, sob anonimato, para este livro. Considerando que conversamos sobre temas muito sensíveis, não posso nomear nenhuma delas aqui. Sua ajuda foi inestimável.

Apresentação

É cedo para escrever a história completa da Operação Lava Jato. Ela foi originada em 17 de março de 2014, com a finalidade de investigar as movimentações financeiras ilícitas de alguns doleiros e, pouco mais de três anos depois, os números da operação são assombrosos. Apenas na primeira instância do Judiciário, o Ministério Público Federal ofereceu 65 denúncias. Após a colaboração premiada de 77 executivos da Odebrecht, em março de 2017, o então procurador-geral da república, Rodrigo Janot, autoridade máxima do Ministério Público Federal, fez 83 pedidos de abertura de inquérito ao Supremo Tribunal Federal. Dois anos antes, Janot havia implicado 49 políticos protegidos por foro privilegiado em 28 pedidos de abertura de inquérito para o STF. São números inéditos em um país marcado, durante todo o século XX e início do século XXI, pela impunidade de políticos corruptos. Até o fim de julho de 2017, 157 pessoas haviam sido condenadas, 97 presas preventivamente e 104 presas temporariamente[1]. Entre elas, algumas das figuras políticas e empresariais mais importantes do país, como Eduardo Cunha (PMDB), ex-presidente da Câmara dos Deputados, Antonio Palocci (PT), ex-ministro da Fazenda e da Casa Civil, e Marcelo Odebrecht, presidente e um dos donos da empreiteira que leva seu sobrenome.

A investigação contra corrupção política mais semelhante à Lava Jato é a Operação Mãos Limpas, realizada no início dos

---

1 Os dados citados neste parágrafo foram consultados no site oficial da Operação. Disponível em: <http://www.lavajato.mpf.mp.br>. Acesso em: 1º ago. 2017.

anos 1990 na Itália. Um terço dos deputados federais italianos foi implicado no escândalo[2]. A Lava Jato sofreu tentativas de cerceamento – algumas narradas neste livro –, mas nada comparável ao contra-ataque dos políticos italianos contra a Mãos Limpas. Silvio Berlusconi, empresário envolvido até o pescoço em corrupção, elegeu-se primeiro-ministro da Itália em março de 1994, logo após as principais descobertas da Operação, e safou-se do pior. Os italianos puniram alguns partidos políticos, mas a conexão empresarial envolvida na corrupção ficou longe das grades.

A comparação com a Itália ilustra um ponto importantíssimo. Brasil e Itália são (eram?) países com um equilíbrio político retrógrado: muita corrupção e pouca punição. Estar em "equilíbrio" significa que nenhum dos atores sociais e políticos que teriam apoio suficiente para mudar o *status quo* tem incentivos para fazê-lo[3]. Em outras palavras, o equilíbrio retrógrado de muita corrupção com pouca punição nunca foi desejável para a maioria dos cidadãos, mas permaneceu em vigor enquanto os partidos políticos assim quiseram.

A partir de 2013, no entanto, o equilíbrio mudou. Com a aprovação da Lei das Organizações Criminosas (lei 12.850/2013), colaborações premiadas passaram a ser uma boa opção para quem cometia atos corruptos. Tornou-se possível para o sujeito ter sua

---
2 CHANG, Eric; GOLDEN, Miriam; HILL, Seth. Legislative Malfeasance and Political Accountability. *World Politics*, Cambridge University Press, v. 62, n. 2, p. 177-220, 2010. Disponível em: <https://www.cambridge.org/core/journals/world-politics/article/legislative-malfeasance-and-political-accountability/1423A0ACFFE7F8240C8CBF26D10A3D4C>. Acesso em: 29 ago. 2017.

3 Quando vários atores políticos têm incentivos e condições para derrubar o *status quo*, as maiorias legislativas se tornam instáveis, e uma política pública aprovada tem grande chance de ser rejeitada pelo mesmo plenário logo em seguida. Para uma análise técnica sobre este ponto, ver SHEPSLE, Kenneth; WEINGAST, Barry. Structure-induced equilibrium and legislative choice. *Public Choice*, Washington University, v. 37, n. 3, p. 503-519, 1981. Disponível em: <http://www.angelfire.com/ky2/mueller/SIE.pdf>. Acesso em: 29 ago. 2017.

pena reduzida ao revelar indícios e provas sobre os crimes dos quais participou. Dependendo da boa vontade do Ministério Público Federal, o criminoso pode cumprir sua pena em regime aberto, a pedido dos procuradores, mesmo que haja condenação prévia para que ele fique em regime fechado ou semiaberto[4]. A decisão final depende do juiz que homologa a colaboração. Da mesma maneira, os acordos de leniência possibilitados pela Lei Anticorrupção (lei 12.846/2013) para empresas envolvidas em atos corruptos são um passo importantíssimo para punir, de algum modo, CNPJs que mais servem para realizar crimes do que maximizar os interesses de seus acionistas.

No entanto, os otimistas com a Operação Lava Jato desconsideram o equilíbrio político perverso no qual o país se encontra: muita corrupção e muita punição. Adicione-se o sufixo "pelo partido" ao fim da definição e teremos a China, onde o Partido Comunista faz as vezes de "órgão de combate à corrupção"[5]. Certamente não é o Brasil que muitos querem, mas esse equilíbrio serve aos interesses organizacionais da Polícia Federal, do Ministério Público Federal e do Judiciário. Tais órgãos têm mais relevância e autonomia quando o combate à corrupção está no topo da agenda pública, pois prevenir a corrupção não rende manchete. Apesar de algumas rusgas entre policiais e procuradores, a conexão entre os órgãos é clara e é um dos principais fatores que permitiram o sucesso da operação. Sempre hesitante em compartilhar o crédito, o

---

4 AMARAL, Thiago Bottino do. Colaboração premiada e incentivos à cooperação no processo penal: uma análise crítica dos acordos firmados na Operação Lava Jato. *Revista Brasileira de Ciências Criminais*, v. 24, n. 122, p. 359-390, 2016. Disponível em: <http://bdjur.stj.jus.br/jspui/handle/2011/104989>. Acesso em: 29 ago. 2017.
5 ZHU, Jiangnan; ZHANG, Dong. Weapons of the Powerful: Authoritarian Elite Competition and Politicized Anticorruption in China. *Comparative Political Studies*, v. 50, n. 9, p. 1186-1220, 2017. Disponível em: <http://journals.sagepub.com/doi/abs/10.1177/0010414016672234?journalCode=cpsa>. Acesso em: 29 ago. 2017.

Ministério Público Federal elogia, no site da Operação Lava Jato, o apoio dado pela Polícia Federal como parceira na "união de esforços para lutar contra a corrupção, a impunidade e o crime organizado".

É assim que o Brasil se encontra atualmente. O principal objetivo deste livro é elucidar como a corrupção acontece, como ela é combatida e como as organizações de controle lutam, entre si, para ganhar autonomia e reputação. Nem sempre essa luta resulta em um equilíbrio político com baixa corrupção. Ao contrário: temos, hoje, muito combate à corrupção e muita corrupção. Na política brasileira, ela se manifesta de modo mais visceral na compra de votos para eleições parlamentares, sendo esse o tema do primeiro capítulo. Com base em inquéritos do Supremo Tribunal Federal disponíveis na internet[6], analiso por que e como eleitores brasileiros vendem seus votos. Explico por que o sistema eleitoral proporcional de lista aberta estimula o voto em indivíduos, não em partidos, e mostro como isso se liga à corrupção.

O dinheiro utilizado para comprar votos não vem do salário dos deputados. Os negócios acordados entre governos e empresários são a origem da grana corrupta, como a Operação Lava Jato não cansa de mostrar. Muito já foi escrito sobre isso, mas o segundo capítulo deste livro traz elementos inéditos e (espero) divertidos se substituirmos a tristeza pela *schadenfreude* de ver gente como Henrique Eduardo Alves (PMDB), ex-presidente da Câmara dos Deputados, se enrolando para explicar o inexplicável. Os empreiteiros e os políticos se misturam em processos de licitação, que nada mais são do que oportunidades de negócio

---

6 A Engrenagem da Impunidade. *Folha de S.Paulo*. Disponível em: <http://transparencia.folha.uol.com.br/a-engrenagem-da-impunidade/politico/romero-juca>. Acesso em: 04 set. 2017.

para cartéis de empresários. As obras da Copa do Mundo e da Petrobras são o terreno mais fértil para essa análise. O capítulo foca um aspecto pouco lembrado: o Decreto 2.745/1998, que permite à estatal um processo de licitação menos transparente e mais controlável por burocratas. Altos executivos da Petrobras, como Paulo Roberto Costa, Nestor Cerveró e Renato Duque, acabaram envolvidos na Lava Jato não apenas por suas relações com partidos políticos, mas porque as normas das empresas estatais são mais flexíveis do que as dos ministérios. Os relatórios detalhados da Operação Lava Jato trazem oportunidades ímpares para observar as entranhas desses atos corruptos, com políticos de baixa estatura moral, como o já citado Alves bradando ao telefone que "vai para cima" do Tribunal de Contas da União.

Não se sabe se Alves interferiu de fato no TCU, pode ter sido bravata. Mas, como mostra o terceiro capítulo, é inegável que ter um pé nos órgãos de controle é parte da estratégia de políticos corruptos. São cinco organizações: Controladoria-Geral da União, Poder Judiciário, Ministério Público Federal, Polícia Federal e Tribunal de Contas da União. Com base em extensas entrevistas anônimas com servidores públicos e em minhas próprias pesquisas acadêmicas, analiso como cada uma dessas agências luta por autonomia e relevância. Como Daniel Carpenter e George Krause argumentam[7], uma coisa pode decorrer da outra. A seta causal não está determinada. No caso das instituições de controle brasileiras, a relevância é clara, mas a autonomia é mais frágil do que se imagina.

Por fim, o quarto capítulo mostra como a percepção de que órgãos de controle vivem em paz, cooperando, e por

---

7 CARPENTER, Daniel; KRAUSE, George. Reputation and Public Administration. *Public Administration Review*, Wiley, v. 72, n. 1, p. 26-32, 2011. Disponível em: <http://onlinelibrary.wiley.com/doi/10.1111/j.1540-6210.2011.02506.x/full>. Acesso em: 29 ago. 2017.

isso o combate à corrupção prosperou tanto no Brasil, é, no mínimo, incompleta. A luta para definir quem fica responsável por celebrar acordos de leniência com empresas envolvidas em corrupção é intensa. O órgão de controle que vencer terá reputação, autonomia e recursos organizacionais garantidos – ao menos se souber caminhar sobre a linha fina entre leniência e impunidade. Com detalhes inéditos, mostro como o Tribunal de Contas da União se aliou informalmente ao Partido Popular Socialista (PPS) para impedir, no fim de 2015, que o governo Dilma mudasse a legislação dos acordos de leniência para favorecer a Odebrecht. Acuado, o governo editou uma medida provisória que não teve o efeito desejado.

As páginas a seguir apresentam, portanto, o começo (eleições compradas), meio (licitações corrompidas) e fim (investigação e punição eficazes, a depender da autonomia política e das normas que conferem força a órgãos de controle) da corrupção no Brasil.

Rio de Janeiro, agosto de 2017.

I
Compra de votos: o destino do dinheiro desviado – 19

II
Licitações e os mecanismos de corrupção – 39

III
Órgãos de controle: vícios e virtudes – 63

IV
Colaborações premiadas e acordos de leniência – 103

Epílogo – 121

1

Compra de votos: o destino do dinheiro desviado

Em 14 de outubro de 2002, oito dias depois das eleições, Gilma Gonçalves de Azevedo saiu com pressa da Casa Amarela, a base da campanha dos candidatos da coligação PSDB-PMDB-PST em Boa Vista, Roraima[1]. Carregava uma pasta com todos os papéis relativos à sua atuação como uma das contratadas pelos candidatos da coligação para a campanha política de 2002. Disse que procuraria Maria do Carmo, a coordenadora de bairro da campanha, para saber quais eleitores haviam recebido o dinheiro prometido. A distribuição de R$ 100,00 por eleitor era responsabilidade de 11 militantes comandados por Gilma. Sua saída apressada da casa foi motivada por uma discussão com Iraci Cunha, secretária de Gestão Participativa e Cidadania (Semgep) da prefeitura, comandada por Teresa Surita Jucá, e coordenadora da campanha do marido de Teresa ao Senado. Gilma bateu boca com Iraci porque não sabia como iria acertar as contas com os eleitores que não haviam recebido o dinheiro prometido pela campanha. Ao ameaçar ir atrás de Maria do Carmo para obter uma resposta, Gilma foi perseguida por

---
1 Este e os próximos parágrafos são baseados no Inquérito 2663 do Supremo Tribunal Federal. A Engrenagem da Impunidade. *Folha de S.Paulo*. São Paulo, 29 ago. 2017. Disponível em <http://transparencia.folha.uol.com.br/a-engrenagem-da-impunidade/procedimento/18>. Acesso em: 29 ago. 2017.

Iraci e outras pessoas. Elas temiam que o esquema se tornasse público em toda a cidade.

Coordenadora-geral da campanha do senador Romero Jucá (PMDB), Iraci e seus comandados não conseguiram impedir que Gilma saísse da casa. Após andar cerca de 200 metros, Gilma foi cercada por dois carros particulares e duas kombis alugadas pela prefeitura, usadas na campanha. Arrancaram a pasta de trabalho de suas mãos. Aconselhada por um funcionário do Tribunal Regional Eleitoral de Roraima, Gilma contou tudo à Polícia Federal. Afinal, abrir a história para as autoridades poderia servir como proteção para futuras ameaças.

O envolvimento de Gilma na campanha ocorreu a partir de sua contratação como assistente de produção na Semgep, através da Cooperativa Roraimense de Serviços. O crachá informava que ela era, na verdade, "agente de articulação comunitária". Com salário de R$ 1.045,00, o trabalho de Gilma consistia em estabelecer contatos frequentes com moradores de Boa Vista e ser responsável por campanhas de vacinação e instalação de banheiros e fossas sanitárias. Iraci, sua chefe, convocou-a, junto com 38 outras pessoas, a trabalhar para os candidatos da coligação PSDB-PMDB-PST. Caso Gilma recusasse, a prefeita Teresa Jucá a ameaçou de perder a "segurança para depois das eleições", referindo-se ao emprego de agente comunitária.

O esquema de compra de votos funcionava da seguinte forma: cada "militante" tinha a tarefa de visitar os moradores dos bairros de sua área de atuação, identificar os eleitores, anotar nome, endereço e número do título de eleitor deles, seção onde iriam votar e o local de votação. Essa informação era repassada para o "coordenador de bairros", que elaborava uma lista final com o título "relação de fiscais de rua". Algumas dessas listas foram entregues à Polícia Federal e mostram as entranhas do processo. Em uma delas são discriminados cinco locais de votação do bairro 13 de Setembro, cada um com o número de suas seções eleitorais. No primeiro local de votação existem quatro seções, totalizando 1.690 eleitores. A tabela indica 260 "fiscais de rua", anotado por cima do número 300. O segundo local de votação, uma rodoviária, tem três seções, totalizando 1.332 eleitores e 200 "fiscais de rua". O terceiro local de votação tem cinco seções, com 2.132 eleitores e 300 "fiscais de rua". O quarto local de votação tem apenas uma seção com 489 eleitores e 75 "fiscais de rua". Por fim, o quinto local de votação tem 151 eleitores e 30 "fiscais de rua".

Os eleitores contatados receberiam R$ 100,00 no dia da votação em dois pagamentos. De manhã, R$ 50,00 seriam distribuídos junto com camisas com propaganda dos candidatos da coligação. O restante seria pago após o fim da votação.

Dois problemas deveriam ser resolvidos pelos "militantes" para assegurar o cumprimento do contrato informal. Em primeiro lugar, como ter certeza de que o eleitor pago saberia votar nos candidatos indicados? Para isso, bastava treiná-los, dias antes, com miniurnas eletrônicas que mostravam apenas os números, nomes e imagens dos candidatos de interesse da coligação PSDB-PMDB-PST. Para garantir que os eleitores permaneceriam envolvidos com o processo eleitoral o dia todo, três cartões coloridos (azul, rosa e preto) eram distribuídos como senhas no início da manhã, na hora do almoço e no fim da tarde. Quem apresentasse as três senhas receberia a segunda parcela de R$ 50,00. O papel desses eleitores era ficar nas ruas distribuindo santinhos, usando as camisetas dos candidatos da coligação e votar naqueles que lhes fossem indicados.

Um dos integrantes da equipe da campanha cujo trabalho foi revelado pela investigação dos policiais federais identificou nove ruas trabalhadas e 156 visitas realizadas. A sua pesquisa de opinião, nada científica, mostrava as intenções de voto de 385 pessoas. Para governador, 158 estavam indecisos, 151 prefeririam Ottomar Pinto, e 76 votariam em Flamarion Portela. Os senadores mais bem colocados eram Romero Jucá (125) e Marluce Pinto (96). O restante estava indeciso.

Para que o esquema funcionasse, além de saber votar nos candidatos indicados, era necessário que os eleitores cumprissem sua parte. Ora, o voto no Brasil é secreto e realizado por urna eletrônica, o que dificulta a fraude. Mas o juiz Márlon Reis, um dos maiores especialistas em eleições no Brasil, mostra um quadro diferente. Para ele, o voto secreto é um mito. "Valendo-se de algumas artimanhas, é possível rastrear os votos empenhados. Algumas seções têm 150, 200, 250, 400 eleitores no máximo. Nesse bairro ou povoado, todos conhecem todos por nome e sobrenome. Então, como o líder comunitário acertou uma dada quantidade de votos, essa votação terá que aparecer. Se não aparecer, haverá problema para os moradores. Assim, o eleitor decide não arriscar. Se ele votar em quem o líder está pedindo, pode vir a conseguir algum benefício pessoal no futuro. Mas, se traí-lo, corre o risco de ser descoberto e pode sofrer represálias"[2].

Assim, o voto no Brasil está mais para "semiaberto" do que secreto, para usar a terminologia de Toke Aidt e Peter Jensen[3]. Isso significa que o cabo eleitoral tem algum meca-

---

2 REIS, Marlon. *O nobre deputado*. São Paulo: Leya, 2014, p. 47.
3 AIDT, Toke; JENSEN, Peter. From Open to Secret Ballot: Vote Buying and Modernization. *Comparative Political Studies*, v. 50, n. 5, p. 555-593, 2017. Disponível em: <http://dx.doi.org/10.1177/0010414016628268>. Acesso em: 31 ago. 2017.

nismo para saber – e controlar – como seus "clientes" votaram. Pode ser através de aritmética simples (se a seção eleitoral tem 90 eleitores e 60 são meus "clientes", meu político deve ter ao menos uns 50 votos para configurar uma transação de sucesso) ou por laços sociais. Em um de seus excelentes estudos sobre compra de votos na Argentina, Susan Stokes e seus coautores entrevistaram cabos eleitorais que afirmaram saber como o cidadão vota porque quem renega o acordo não tem coragem de olhar nos olhos[4]. É o que essa autora, em outro artigo, chama de "*accountability* perversa"[5].

Há ao menos três diferentes maneiras de acabar com esse tipo de negociação que corrói o sistema político. A primeira é a abertura completa do voto. Como argumentam Geoffrey Brennan e Philip Pettit[6], nós, eleitores, podemos votar com base em nossos interesses privados ou segundo interesses que acreditamos serem públicos, isto é, voto egoísta *versus* voto não egoísta. Seria desejável, de algum modo, que todos expressassem suas preferências eleitorais de modo público antes das eleições. Assim seríamos incentivados a dialogar, a conversar sobre os prós e contras das políticas públicas propostas e, quem sabe, a aprender com os argumentos alheios e mudar de ideia sobre uma coisa ou outra. No mínimo, poderíamos aprender a tolerar e nos enriquecer com outras perspectivas sociais e polí-

---

[4] Brusco, Valeria; Nazareno, Marcelo; Stokes, Susan. Vote Buying in Argentina. *Latin American Research Review*, v. 39, n. 2, p. 66-88, 2004. Disponível em: <http://muse.jhu.edu/article/169510>. Acesso em: 31 ago. 2017.

[5] Stokes, Susan. Perverse Accountability: A Formal Model of Machine Politics with Evidence from Argentina. *American Political Science Review*, v. 99, n. 3, p. 315-325, set. 2005. Disponível em: <https://www.cambridge.org/core/journals/american-political-science-review/article/perverse-accountability-a-formal-model-of-machine-politics-with-evidence-from-argentina/A2A7141AA5EC213E6C5FAFD86FBCC859>. Acesso em: 31 ago. 2017.

[6] Brennan, Geoffrey; Pettit, Philip. Unveiling the Vote. *British Journal of Political Science*, v. 20, n. 3, p. 311-333, jan. 1990. Disponível em: <https://www.cambridge.org/core/journals/british-journal-of-political-science/article/unveiling-the-vote/DF4E45A381125E6FCF7AF765EBF0BD05>. Acesso em: 31 ago. 2017.

ticas. O voto secreto nos leva ao voto egoísta, que, somado aos outros votos egoístas, não necessariamente leva aos melhores resultados sociais.

A segunda maneira é fazer o país – ou local onde os votos são comprados – passar por um processo de modernização econômica[7]. À medida que cresce a renda do cidadão, aumenta o custo do seu voto. Considerando que educação e renda são correlacionados, não só aumenta o custo do voto, mas também o cidadão irá considerar menos natural trocar sua oportunidade de influenciar a política por dinheiro. A primeira-ministra norueguesa, Erna Solberg, criticou a corrupção revelada no Brasil pela Operação Lava Jato, em junho de 2017, e perguntou sobre quais providências o país estava tomando. Caso nosso presidente tivesse um pouco mais de informação poderia ter retrucado que era fácil para a líder norueguesa criticar, visto que ela representa um país onde o cidadão tinha, já em 1870, quase 5,7 anos de educação, em média. No Brasil, no mesmo ano, a educação média era de 0,46 anos. Essa disparidade, segundo Eric Uslaner e Bo Rothstein, explica, mais do que qualquer outro fator, os índices atuais de corrupção[8].

Outro modo de acabar com a compra de votos é impossibilitar uma de suas principais modalidades: a chantagem sobre o benefício de certa política social. Isso é o que Isabela Mares e Lauren Young chamam de "incentivo negativo"[9]. É a ameaça de

---

[7] É esse o principal argumento de AIDT, Toke; JENSEN, Peter. From Open to Secret Ballot: Vote Buying and Modernization. *Comparative Political Studies*, v. 50, n. 5, p. 555-593, fev. 2016. Disponível em: <http://dx.doi.org/10.1177/0010414016628268>. Acesso em: 31 ago. 2017.

[8] USLANER, Eric; ROTHSTEIN, Bo. The historical roots of corruption: state building, economic inequality, and mass education. *Comparative Politics*, v. 48, n. 2, p. 227-248, jul. 2014. Disponível em: <http://www.againstcorruption.eu/wp-content/uploads/2015/05/historicalrootscorruption-september-2014.pdf>. Acesso em: 31 ago. 2017.

[9] MARES, Isabela; YOUNG, Lauren. Buying, Expropriating, and Stealing Votes. *Annual Review of Political Science*, v. 19, p. 267-288, 2016. Disponível em: <Mares, Isabela and Young,

tirar de alguém certo benefício do qual essa pessoa depende caso ela não vote em certo candidato. Para essas autoras, os responsáveis por políticas sociais e outros burocratas que interagem diretamente com cidadãos estão em posição privilegiada para fazer esse tipo de chantagem. Isso se tornará menos provável à medida que as pessoas confiem que os burocratas não estão sendo guiados por políticos. E também acreditem que não são políticos os responsáveis por intermediar o acesso às políticas sociais, mas sim burocratas profissionais que selecionam os beneficiários a partir de critérios definidos em leis[10].

O esquema de compra de votos em Roraima incluía a ameaça àqueles que não votassem em Romero Jucá de retirar seus filhos do Programa de Erradicação do Trabalho Infantil (PETI). Os cabos eleitorais contratados pela coligação PMDB-PSDB-PST diziam: "Veja bem, o senhor tem filhos no PETI e, para continuar recebendo os R$ 40,00, tem que votar nos candidatos Ottomar Pinto e no senador Romero Jucá", de acordo com os depoimentos dados à Polícia Federal no fim de 2002. Criado em 1996 pelo governo federal, o PETI tem como objetivo garantir que crianças e adolescentes menores de 16 anos frequentem a escola em vez de trabalhar. A família recebe um auxílio mensal, que pode ser sacado com um cartão magnético da Caixa Econômica Federal. Em 2005, o PETI foi integrado ao Bolsa Família, e este programa tem pouca chance de ser usado como moeda de troca eleitoral por um simples motivo. Nas palavras de Renata Bichir, uma

---

Lauren, Buying, Expropriating, and Stealing Votes (May 2016). Annual Review of Political Science, Vol. 19, pp. 267-288, 2016. Available at SSRN: https://ssrn.com/abstract=2779564 or http://dx.doi.org/10.1146/annurev-polisci-060514-120923>. Acesso em: 31 ago. 2017.

10 Bustikova, Lena; Corduneanu-Huci, Cristina. Patronage, Trust, and State Capacity: The Historical Trajectories of Clientelism. *World Politics*, v. 69, n. 2, p. 277-326, abr. 2017. Disponível em: <https://asu.pure.elsevier.com/en/publications/patronage-trust-and-state-capacity-the-historical-trajectories-of>. Acesso em: 31 ago. 2017.

das principais especialistas sobre o programa, o processo de *identificação* dos potenciais beneficiários é de responsabilidade municipal, e o processo de *seleção* dos beneficiários ocorre no nível federal[11].

O benefício é dado para famílias em três faixas de renda. As famílias em situação de extrema pobreza – ou seja, cuja renda mensal é menos de R$ 85,00 –, recebem o dinheiro mesmo que não tenham filhos. Uma família com renda mensal entre R$ 85,00 e R$ 170,00 recebe o benefício se nela houver uma mulher grávida e/ou filhos com até 16 anos. Caso a família tenha renda entre R$ 0 e R$ 170,00, tem direito ao benefício se houver um filho na família. Cerca de 25% dos brasileiros são contemplados com o Bolsa Família. O governo federal é responsável por coordenar a implantação e supervisionar a execução do Cadastro Único do programa. Os municípios devem planejar e executar o cadastramento; transmitir e acompanhar o retorno dos dados enviados à Caixa Econômica Federal, que distribui o cartão; manter atualizada a base de dados do Cadastro Único e prestar apoio e informações às famílias de baixa renda sobre o cadastramento.

Fernando Henrique Cardoso (PSDB) podia até querer, mas não conseguiu implementar esse programa. Os principais motivos eram a falta de cadastro único das famílias e a ausência de coordenação entre programas de ministérios diferentes. Em 2004, Lula unificou três programas sociais existentes – Bolsa Escola (Ministério da Educação), Bolsa Alimentação (Ministério da Saúde) e o Auxílio Gás (Ministério de Minas

---

11 BICHIR, Renata. *Mecanismos federais de coordenação de políticas sociais e capacidades institucionais locais: o caso do Programa Bolsa Família*. Rio de Janeiro 2011. 271 páginas. Tese de Doutorado em Ciência Política - IESP-UERJ. Disponível em: <http://www.fflch.usp.br/centrodametropole/antigo/static/uploads/Bichir_tese_rev.pdf>. Acesso em: 31 ago. 2017.

e Energia) – e escanteou o Fome Zero, a política preferida por assessores como Frei Betto e José Graziano, que perderam lugar no governo para os proponentes do Bolsa Família.

É um programa de "transferência condicionada de renda". Ou seja: a família beneficiada tem que comprovar que as crianças frequentam a escola e que os integrantes da família visitam o posto de saúde com certa periodicidade. A ideia é que, no médio prazo, à medida que as crianças ganham conhecimento na escola e seguem suas carreiras, a família se livre do espectro da pobreza. Com frequência, o dinheiro do Bolsa Família é utilizado para estruturar um pequeno negócio, permitindo que a renda familiar aumente em pouco tempo. A grande inovação é que o uso do dinheiro é livre. E o cartão que dá o benefício é emitido em nome da mulher. Ainda não se sabe se há causalidade nesta correlação, mas o número de divórcios aumentou nas regiões que concentram mais famílias beneficiárias.

O extinto Fome Zero seguia, em parte, o que o programa de transferência condicionada de renda do México (intitulado "Progresa/Oportunidades" e estabelecido em 1997) preconiza: uso do dinheiro exclusivamente para a compra de alimentos. Além disso, os defensores do Fome Zero afirmavam que a escolha das famílias para o cadastro no programa deveria ser feita por comitês gestores, que seriam uma "ponte entre o poder público e a sociedade civil", segundo Frei Betto[12].

Mas o caminho adotado pelo Bolsa Família foi outro. As prefeituras ficam responsáveis pela identificação dos potenciais beneficiários, e a seleção final dos beneficiários é do governo federal – mais especificamente, do Ministério do Desenvolvimento

---
12 BETTO, Frei. *Calendário do poder*. Rio de Janeiro: Rocco, 2007.

Social e Combate à Fome. A maneira interessante como esse ministério optou por exercer controle sobre o cadastro foi através do detalhamento da legislação do programa. Trata-se de um mecanismo bem estudado pelos cientistas políticos John Huber e Charles Shipan[13]. Esses autores mostram que os políticos têm duas opções ao escrever leis: podem fazer leis detalhadas ou vagas. Quanto mais detalhadas, mais difícil será para os burocratas responsáveis por implementar a política fazerem interpretações indesejadas pelos representantes eleitos. Em outras palavras, o detalhamento legislativo é uma maneira (barata) de os políticos controlarem os burocratas.

A mesma lógica pode ser aplicada à estratégia do Ministério do Desenvolvimento Social e Combate à Fome para o Bolsa Família. Nesse caso, os prefeitos seriam os "burocratas", e o governo federal seria o representante político. O ministério criou uma normatização legislativa, chamada "Norma Operacional Básica do Sistema Único de Assistência Social", a ser seguida pelos burocratas municipais. Se os formulários indicados por essa norma chegam incompletos em Brasília, as famílias daquele município não são cadastradas. E isso não interessa ao prefeito, então a norma é seguida[14].

Resumindo: por conta desse detalhe burocrático, o Bolsa Família é amplamente implementado sem que funcione como mecanismo de compra de votos. Isso não impede, no entanto, que prefeitos ameacem retirar o benefício de cidadãos menos informados. Os jornalistas Eduardo Scolese e Hudson Corrêa relatam

---

13 HUBER, John; SHIPAN, Charles. *Deliberate Discretion? The institutional foundations of bureaucratic autonomy*. New York: Cambridge University Press, 2002.
14 Ver NEVES, Jorge; HELAL, Diogo. Como pode ter dado certo? Insulamento burocrático, inserção social e políticas públicas no Brasil: o caso do Programa Bolsa Família. In: FAHEL, Murilo; NEVES, Jorge Alexandre Barbosa (Org.). *Gestão e avaliação de políticas sociais no Brasil*. Belo Horizonte: PUC-MG, 2007, p. 29-49.

um exemplo na cidade de Acopiara, no Ceará, durante as eleições municipais de 2008. O candidato de oposição organizou uma carreata para alardear seus potenciais eleitores sobre o uso político do Bolsa Família na campanha de reeleição do prefeito. Uma dona de casa foi indagada, em um questionário para a campanha do prefeito, se recebia o benefício e em quem pretendia votar para vereador e prefeito. "Quando eu disse que votaria no adversário do prefeito, o entrevistador perguntou se eu não tinha medo de perder o benefício do Bolsa Família. Aí eu comecei a ficar nervosa, endoidei. Fiquei com muito medo de perder o Bolsa Família, a minha única fonte de renda", disse a beneficiária do programa[15].

Nesse caso, a competição eleitoral resolveu o problema: o candidato de oposição alardeou, e os cidadãos que antes não sabiam se informaram que o prefeito não pode simplesmente retirar alguém do cadastro. É preciso ser um pouco otimista, mas vale a lição: o Bolsa Família pode não ter acabado com a compra de votos, mas certamente dificulta.

Mesmo com essa torneira fechada pela política social profissionalizada, a compra de votos prospera e compensa. O único estudo que conseguiu medir o possível benefício de esquemas desse tipo é o de Daniel Gingerich, que usa dados sobre o "mensalão mineiro" de 1998, realizado em benefício ao então governador Eduardo Azeredo (PSDB), candidato à reeleição[16]. Para cada município em que o esquema do então governador conseguiu contratar um "cabo eleitoral"[17], obteve um acréscimo de quatro a seis pontos percentuais de votos.

---

15 SCOLESE, Eduardo; CORREA, Hudson. *Eleições na estrada: jornalismo e realidade nos grotões do país*. São Paulo: Publifolha, 2009.
16 GINGERICH, Daniel. Brokered Politics in Brazil: An Empirical Analysis. *Quarterly Journal of Political Science*, v. 9, n. 3, p. 269-300, 2014. Disponível em: <https://ideas.repec.org/a/now/jlqjps/100.00013040.html>. Acesso em: 31 ago. 2017.
17 Gingerich chama os deputados estaduais que receberam propina de "cabos eleitorais".

Em Roraima, o esquema montado pela coligação PMDB-PSDB-PST em 2002 conseguiu arregimentar 21 mil eleitores[18]. Considerando o pagamento de R$ 100,00 para cada um, a ação criminosa teria custado R$ 2,1 milhões. De acordo com a Polícia Federal, Romero Jucá pagou cerca de R$ 1,2 milhão, e Ottomar Pinto R$ 961 mil.

Romero Jucá foi eleito senador com 94.679 votos (30,8% do total para o cargo), Augusto Botelho (PDT) também se elegeu, tendo 77.635 votos (25,2%). Marluce Pinto (PMDB) ficou em terceiro lugar, com 56.296 votos (18,3%). Naquele ano, duas vagas para o Senado foram disputadas. Já para a vaga de governador, Ottomar Pinto (PTB) perdeu, no segundo turno para Flamarion Portela (PSL). Ottomar contestou o resultado na Justiça Eleitoral e, em novembro de 2004, o Tribunal Superior Eleitoral determinou sua ascensão ao cargo.

Quando se trata de compra de votos, as eleições mais interessantes são para deputado federal. Conforme George Avelino, Ciro Biderman e Leonardo Barone mostram, há forte imbricação entre prefeitos e deputados federais[19]. Um funcionaria como cabo eleitoral (ou melhor, organizador de cabos eleitorais) para o outro. Portanto, é significativo que a candidata Maria Helena Veronese (PST), integrante do esquema da família Jucá em 2002, tenha recebido 15.620 votos (9,2% dos votos para deputado federal no estado), a mais bem votada para o cargo em Roraima. Ela foi a única eleita da coli-

---

18 Em 2002, 208 mil pessoas estavam aptas a votar em Roraima, 131 mil delas (63%) em Boa Vista.
19 AVELINO, George; BIDERMAN, Ciro; BARONE, Leonardo. Articulações Intrapartidárias e Desempenho Eleitoral no Brasil. *Dados*, v. 55, n. 4, p. 987-1013, 2012. Disponível em: <http://gvpesquisa.fgv.br/sites/gvpesquisa.fgv.br/files/arquivos/avelino_-_articulacoes_intrapartidarias_e_desempenho_eleitoral_no_brasil.pdf>. Acesso em: 31 ago. 2017.

gação de dezenove candidatos. Em segundo lugar ficou Chico Rodrigues (PFL, atual DEM) com 15.475 (9,1%).

Em Roraima, havia oito vagas em disputa nas eleições para deputado federal. Os oito candidatos eleitos em 2002 concentraram cerca de 48% dos votos para deputado federal no estado. É um percentual impressionante. Indica que a competição política em Roraima é mais fechada do que em outros estados. Com 71 candidatos, a relação era de 8.9 candidatos por vaga. Para comparar, em São Paulo a relação foi de 10.3 (724 candidatos para 70 vagas), e na Bahia foi 3.4 (134 candidatos para 39 vagas). Ou seja, Roraima e São Paulo tiveram competições mais acirradas. E isso, de acordo com muitos estudos acadêmicos, torna o financiamento corrupto e a compra de votos mais comuns.

Por que esse é um problema especialmente grave no Brasil? Porque nosso sistema eleitoral – chamado de representação proporcional com lista aberta – estimula a competição intrapartidária (ou seja, entre candidatos a deputado federal pelo mesmo partido ou coligação).

Antes de continuar a análise, cabe esclarecer alguns conceitos importantes. *Distrito eleitoral* é a circunscrição geográfica na qual os votos são contados. No Brasil, cada estado é um distrito eleitoral nas eleições para deputado estadual, deputado federal, senador e governador. Nas eleições municipais, cada município é um distrito eleitoral. A *Magnitude eleitoral* é a quantidade de cadeiras parlamentares disputadas no distrito. Nas eleições para deputado federal no Brasil, a magnitude varia de 8 a 70 cadeiras, o que implica certa distorção com relação à representação populacional[20]. Para que

---

20 NICOLAU, Jairo. As distorções na representação dos estados na Câmara dos Deputados brasileira. *Dados*, v. 40, n. 3, p. 441-464, 1997. Disponível em: <http://www.scielo.br/scielo.php?script=sci_abstract&pid=S0011-52581997000300006&lng=pt&tlng=en>. Acesso em: 31 ago. 2017.

um partido político ou uma coligação consiga eleger um deputado, é preciso que o partido atinja um número mínimo de votos, calculado pela divisão votos/cadeiras. Isso é chamado de *Quociente eleitoral*.

Quando votamos em um candidato, escolhemos um representante dentro de uma lista apresentada pelo partido ou pela coligação. Ele só será eleito se estiver, como já indiquei, em um partido que consiga ultrapassar o quociente eleitoral e se ele obtiver mais votos do que a maioria de seus colegas. Suponhamos uma eleição em que o quociente eleitoral seja 80 mil votos. O partido X, de João da Silva, conseguiu 240 mil votos no total (somando os votos dados na legenda e em todos os candidatos do partido X). Ou seja, três vezes o quociente eleitoral: tem direito, portanto, a três cadeiras no Legislativo. João da Silva foi o segundo mais votado do partido, com 50 mil votos. Ele será, portanto, um dos eleitos. Se ele tivesse sido o quarto mais votado do partido, não teria direito a uma vaga. Este é o Sistema de Representação Proporcional de Lista Aberta.

A diferença com relação ao Sistema de Representação Proporcional de Lista Fechada é simples. Neste sistema, o partido político propõe uma lista de candidatos em ordem predefinida (por exemplo, por votação dos filiados, convenção partidária ou direção executiva do partido). Os eleitores têm apenas a opção de votar em um partido ou no outro, sem poder escolher entre os candidatos da lista[21].

Por fim, o Sistema Majoritário caracteriza-se por dar a(s) vaga(s) do distrito ao(s) candidato(s) mais bem votado(s). Enfatizo o plural porque é comum associar esse sistema à

---
21 Há um sistema intermediário de lista flexível que permite ao eleitor fazer essa escolha. Ela existe, entre outros países, na Bélgica. Ver NICOLAU, Jairo. *Sistemas eleitorais*. 6. ed. Rio de Janeiro: FGV, 2014, p. 61-70.

existência de apenas uma vaga em disputa, mas há países, como o Chile, que são majoritários e apresentam mais de uma vaga por distrito. Nos Estados Unidos, um dos principais países com sistema majoritário, vence a eleição o candidato que obtiver a maioria dos votos. Os Estados Unidos são divididos em 435 distritos eleitorais, e cada distrito elege um representante para a Câmara dos Deputados. Já que os principais partidos políticos dos EUA são o Partido Democrata e o Partido Republicano, cada um deles costuma apresentar um candidato por distrito. Suponhamos que o candidato democrata obtenha 40% dos votos, contra 38% do oponente republicano e 22% dos demais participantes. Como o sistema é majoritário, o representante eleito é o democrata. Esse sistema, também chamado de "distrital", faz que aumente a proximidade do representante com seus eleitores, simplesmente porque o deputado eleito representa claramente os interesses de um distrito específico.

Outra consequência do sistema majoritário é sua tendência de ser bipartidário, ou seja, ter apenas dois partidos relevantes disputando cargos[22]. Por que isso ocorre? Ora, porque ter 40% ou mais das intenções de voto em um certo distrito exige boa reputação, trabalho, organização etc. E tudo isso só é feito por partidos políticos bem-estruturados. Partidos sem muita estrutura evitam entrar na disputa para não desperdiçarem tempo e dinheiro, pois sabem que têm poucas chances de êxito.

No Brasil acontece algo que dificilmente ocorrerá nos Estados Unidos: a representação política de partidos pequenos. Por quê? Porque nosso sistema tende a dar as cadeiras em disputa de maneira proporcional aos votos dos partidos. Em

---
22 DUVERGER, Maurice. *Os Partidos Políticos*. Rio de Janeiro: Zahar, 1976.

outras palavras: se um partido obteve 10% dos votos, ele tenderá a ter 10% das vagas na Câmara dos Deputados, e assim por diante. Nos Estados Unidos, um partido que obtém 10% dos votos em determinada eleição fica sem cadeira alguma.

A competição intrapartidária tende a ser forte em dois tipos de sistema eleitoral: o proporcional de lista aberta e o voto único não transferível (SNTV, *single non-transferable vote*), um tipo de sistema majoritário apelidado de "Distritão"no Brasil. Nos sistemas majoritários clássicos e no proporcional de lista fechada, a competição entre candidatos do mesmo partido é resolvida antes das eleições. O eleitor não terá, na lista fechada, a prerrogativa legal de escolher entre candidatos do mesmo partido. E no sistema majoritário clássico, não terá a oportunidade, pela estratégia partidária, de optar por dois indivíduos do mesmo partido. A lista aberta incentiva candidatos do mesmo partido a lutarem uns contra os outros, e parte do arsenal vem de financiamento corrupto, conforme mostram alguns estudos[23]. Outras estratégias, como a alocação de recursos orçamentários para pequenas bases eleitorais[24], são implausíveis

---

23 GEDDES, Barbara; RIBEIRO NETO, Artur. Institutional Sources of Corruption in Brazil. *Third World Quarterly*, v. 13, n. 4, p. 641-661, 1992. Disponível em: <http://www.tandfonline.com/doi/abs/10.1080/01436599208420302?journalCode=ctwq20>. Acesso em: 31 ago. 2017.; CHANG, Eric. Electoral Incentives for Political Corruption under Open-List Proportional Representation. *Journal of Politics*, v. 67, n. 3, p. 716-730, jul. 2005. Disponível em: <http://onlinelibrary.wiley.com/doi/10.1111/j.1468-2508.2005.00336.x/abstract>. Acesso em: 31 ago. 2017.; GOLDEN, Miriam; CHANG, Eric. Electoral systems, district magnitude and corruption. *British Journal of Political Science*, v. 37, n. 1, p. 115-137, out. 2005. Disponível em: <https://msu.edu/~echang/Research/Chang_Golden_2007BJPS.pdf>. Acesso em: 31 ago. 2017. Uma visão complementar mostra que, em sistemas de Lista Aberta, ao menos o eleitor tem a chance de punir individualmente um candidato envolvido em corrupção – ao contrário de sistemas majoritários e proporcionais de Lista Fechada, nos quais há fusão entre partido e candidato, impossibilitando que o eleitor queira punir um e recompensar o outro. Ver RUDOLPH, Lukas; DAUBLER, Thomas. Holding Individual Representatives Accountable: The Role of Electoral Systems. *Journal of Politics*, v. 78, n. 3, p. 746-762, maio 2016. Disponível em: <http://www.journals.uchicago.edu/doi/abs/10.1086/685378?journalCode=jop>. Acesso em: 31 ago. 2017.
24 AMES, Barry. Electoral Strategy under Open-List Proportional Representation. *American Journal of Political Science*, v. 39, n. 2, p. 406-433, 1995. Disponível em: <http://citeseerx.ist.

por causa da centralização do processo orçamentário federal[25] ou malsucedidas[26].

Não é surpreendente, nesse cenário, que os brasileiros elejam criminosos de modo recorrente. Isso não significa que sejamos incapazes de punir e recompensar políticos a partir dos resultados das políticas públicas que esses formularam e implementaram em seus mandatos, mas fatores (interligados), como a corrupção e a alta magnitude dos distritos eleitorais, dificultam a seleção de candidatos "honestos". Por que, então, tantos criminosos são eleitos?

A primeira explicação é que votamos para deputado federal sem saber que alguns candidatos são criminosos. Neste caso, os partidos políticos têm informações sobre seus candidatos que nós não temos. Sabem que seus pré-candidatos não querem seguir certas leis, aceitam ter relações de troca com empresas interessadas em acesso a recursos estatais, não veem problema em financiar parte de suas campanhas ilegalmente – afinal, "se eu não fizer, outro fará e será eleito no meu lugar!".

Processos de seleção de candidatos a deputado federal não costumam ser muito abertos. Seria normal pensar que, em um sistema proporcional de lista aberta como o brasileiro, os partidos políticos não teriam incentivos para propor menos candidatos do que podem por lei[27]. No estado de São Paulo há 70

---

psu.edu/viewdoc/summary?doi=10.1.1.199.1454>. Acesso em: 31 ago. 2017.
25 Figueiredo, Argelina; Limongi, Fernando. *Política Orçamentária no Presidencialismo de Coalizão*. Rio de Janeiro: FGV, 2008.
26 Avelino, George; Biderman, Ciro; Silva, Glauco Peres da. A concentração eleitoral no Brasil (1994-2014). *Dados*, v. 59, n. 4, p. 1091-1125, 2016. Disponível em: <http://bibliotecadigital.fgv.br/dspace/handle/10438/17856>. Acesso em: 31 ago. 2017.
27 Bergman, Matthew; Shugart, Matthew; Watt, Kevin. Patterns of intraparty competition in open-list & SNTV systems. *Electoral Studies*, v. 32, n. 2, p. 321-333, 2013. Disponível em: <http://www.sciencedirect.com/science/article/pii/S0261379413000061>. Acesso em: 31 ago. 2017.

vagas para deputado federal, e cada partido pode propor até 105 candidatos. Cada um deveria indicar esse número de candidatos, mas não é o que ocorre. Os partidos reduzem a quantidade para concentrar recursos organizacionais (como a mobilização de militantes, diretórios e comissões provisórias municipais), além de permitir uma alocação maior do tempo de rádio e televisão para os candidatos com maior potencial eleitoral[28].

A esperteza dos partidos estaria em propor candidatos que eles sabem que são criminosos, mas que o eleitor pensa serem honestos. Mesmo com tanta informação sobre os candidatos a deputado divulgada pelo Tribunal Superior Eleitoral – experiência política e profissional, doadores de campanha, renda e bens declarados –, a informação é, como dizem os economistas, assimétrica. Líderes partidários sabem bem com quem estão lidando. E poderiam privilegiar os candidatos criminosos com recursos organizacionais de modo a aumentar suas chances eleitorais. Os votos para candidatos honestos ajudariam a eleger os criminosos. E os cidadãos votariam nos criminosos sem saber.

A segunda explicação é que os eleitores sabem que alguns candidatos são criminosos, mas aceitam isso porque certos benefícios que esses proporcionariam são considerados mais importantes do que o dano causado por atos corruptos. É o "rouba, mas faz". A lógica malufista pode ser quebrada com mais exposição de informações sobre atos corruptos. Ainda assim, mesmo que os eleitores tenham muita informação sobre políticos corruptos (e queiram puni-los por isso), essa clareza

---

28 Braga, Maria do Socorro Sousa; Amaral, Oswaldo do. Implicações do processo de seleção de candidatos na competição partidária: o caso brasileiro. *Revista de Sociologia e Política*, v. 21, n. 46, p. 33-43, 2013. Disponível em: <http://revistas.ufpr.br/rsp/article/view/34456>. Acesso em: 31 ago. 2017.

sobre os atos corruptos dos políticos pode ser "compensada" por eles, no caso de prefeitos, com gastos em obras[29], ou com um aumento de R$ 450 mil no financiamento legal de campanha, no caso de deputados federais[30].

A última explicação é a mais preocupante. Tanto os partidos políticos quanto os eleitores têm bons motivos para manter políticos criminosos no sistema. Partidos e eleitores, neste caso, sabem da ficha corrida dos candidatos. E eles são eleitos porque usam a criminalidade para sinalizar credibilidade aos eleitores – "somos criminosos, mas vamos proteger seus interesses, ao contrário dos políticos honestos". Em que consiste essa proteção? Em substituir o Estado que não realiza funções básicas, como serviços de água, luz, segurança e direitos de propriedade. O político criminoso, então, teria a vantagem de representar os eleitores melhor do que outros que podem ser honestos, mas têm menos condições de entregar o básico para os cidadãos. É o que ocorre na Índia[31]. Aqui, temos traficantes e milicianos cariocas que "protegem" comunidades.

É certo que diminuir a corrupção no Brasil envolve, como estamos vendo na Operação Lava Jato, algo muito além de mudanças no sistema eleitoral e mesmo no financiamento de campanhas. Ao tornar ilegal qualquer tipo de financiamen-

---

29 PEREIRA, Carlos & MELO, Marcus André. Reelecting Corrupt Incumbents. In: Exchange For Public Goods: Rouba Mas Faz in Brazil. *Latin American Research Review*, v. 50: n. 4, p. 88--115, 2015. Disponível em: <https://papers.ssrn.com/sol3/Papers.cfm?abstract_id=2423543>. Acesso em: 31 ago. 2017.
30 JUCÁ, Ivan; MELO, Marcus André; RENNÓ, Lucio. The Political Cost of Corruption: Scandals, Campaign Finance, and Reelection in the Brazilian Chamber of Deputies. *Journal of Politics in Latin America*, v. 8, n. 2, p. 3-36, jan. 2016. Disponível em: <https://www.researchgate.net/publication/308077754_The_Political_Cost_of_Corruption_Scandals_Campaign_Finance_and_Reelection_in_the_Brazilian_Chamber_of_Deputies>. Acesso em: 31 ago. 2017.
31 VAISHNAV, Milan. *When Crime Pays:* Money and Muscle in Indian Politics. New Haven: Yale University Press, 2017.

to de campanha por empresas, medida que começou a valer nas eleições municipais de 2016, o país já deu um bom passo.

Outra medida interessante seria fazer uma reforma eleitoral para diminuir a magnitude dos distritos e, assim, reduzir a competição intrapartidária e a corrupção. Octavio Amorim Neto, Bruno Cortez e Samuel Pessoa têm uma proposta interessante nesse sentido[32]. Com a divisão dos estados em certo número de distritos eleitorais, haveria uma queda na fragmentação partidária (50% em São Paulo, 43% no Rio de Janeiro, de acordo com simulação feita pelos autores) e, para partidos muito pequenos, tornar-se-ia inviável concorrer. Os partidos grandes, como PT, PSDB e PMDB, ganhariam cadeiras na Câmara dos Deputados, mas presumivelmente com menos financiamento corrupto.

Resumindo: o sistema eleitoral de lista aberta incentiva a corrupção ao estimular a competição entre candidatos do mesmo partido. Mas os atos corruptos se concretizam apenas quando os partidos políticos podem influenciar decisões concretas da administração pública. Os processos de licitação, tanto em ministérios quanto em empresas estatais, são o terreno mais fértil para isso.

---

32 AMORIM NETO, Octavio; CORTEZ, Bruno; PESSOA, Samuel. Redesenhando o mapa eleitoral do Brasil: uma proposta de reforma política incremental. *Opinião Pública*, v. 17, n. 1, p. 45-75, jun. 2011. Disponível em: <http://www.scielo.br/pdf/op/v17n1/v17n01a02.pdf>. Acesso em: 31 ago. 2017.

II

Licitações e os mecanismos de corrupção

Em 22 de junho de 2013, o deputado federal Henrique Eduardo Alves mandou uma mensagem para o empresário Léo Pinheiro, presidente da construtora OAS: "Resolvo. Sou como vc...! Charles poderia me procurar seg cedo em casa? Já marcaria com o pres TC, irmão do Garibaldi. Discutiríamos problema. Se ele puder, 8 e 30! Ok?"[1]. Ao contrário de outras mensagens criminosas descobertas pela força-tarefa da Lava Jato, nessa não houve preocupação com apelidos criativos. O assunto a resolver era a continuidade da obra da Arena das Dunas, em Natal, Rio Grande do Norte, uma das doze cidades escolhidas para sediar a Copa do Mundo em 2014.

Pouco tempo antes, o Tribunal de Contas da União afirmou que o dinheiro só poderia continuar sendo liberado para a OAS se o Tribunal de Contas do Estado do Rio Grande do Norte (TCE-RN) recebesse o projeto executivo da empreiteira para a obra e não apresentasse irregularidades graves. O TCE-RN analisou e entendeu que o projeto executivo apresentado pela OAS não tinha os elementos necessários para averiguar a existência de irregularidades. Na concorrência realizada para a

---

1 Os próximos parágrafos são baseados no seguinte documento: Procuradoria-Geral da República. Pedido de prisão preventiva. Processo n. 0001430-69.2016.4.05.8400, 19 maio 2017. Disponível em: <http://politica.estadao.com.br/blogs/fausto-macedo/ministro-do-turismo-fez-lobby-para-empreiteiro-em-tribunais-aponta-pgr/>. Acesso em: 04 set. 2017.

Arena das Dunas, o governo contratou um projeto básico (licitação 1) para guiar a licitação 2, que contrataria a empresa (ou o consórcio de empresas) responsável pela obra, e esta empresa faria um projeto executivo no qual deveria indicar como a obra seria feita. Quanto menos detalhado o projeto executivo, mais espaço para corrupção. De janeiro de 2010 a setembro de 2013, a previsão de custo da Arena das Dunas aumentou de R$ 350 milhões para R$ 400 milhões. No mesmo período, o custo do estádio Mané Garrincha, em Brasília, foi de R$ 745 milhões para R$ 1,4 bilhões.

    A mensagem do deputado federal foi uma das 206 vezes em que ele e Léo Pinheiro estiveram em contato durante o período de dois anos em que foram investigados pela Polícia Federal e pelo Ministério Público Federal. O "Charles" a que Alves se refere é, provavelmente, um funcionário da empreiteira OAS. "Pres TC" é Paulo Roberto Chaves Alves, conselheiro do TCE e, à época, presidente do órgão. "Garibaldi" é Garibaldi Alves Filho (PMDB), ministro da Previdência Social durante o primeiro mandato de Dilma Rousseff (PT) e primo de Henrique Eduardo Alves. Pouco tempo depois, Paulo Roberto Chaves Alves buscou informações com Carlos Thompson Costa Fernandes, o conselheiro relator do caso no TCE. Não se sabe o conteúdo da conversa, mas Henrique Alves continuou alerta. Em 14 de julho de 2013, enviou outra mensagem para Léo Pinheiro: "Amigo, nota do Boechat q ARENA aqui vai atrasar de dezembro para fevereiro? Procede? Abs". Logo em seguida, um funcionário da OAS mandou um recado para Léo Pinheiro: "Acho que deve ser por conta da conversa que tivemos com o Secretário, e conselheiro do TCE sobre a possibilidade de paralisação das obras, devido a retenção de nossos pagamentos pelo BNDES". No mesmo dia, Henrique

Eduardo Alves voltou a se comunicar com Léo Pinheiro: "Seg. em BSB, vou pra cima do TCU. Darei notícias!".

Os Tribunais de Contas nada disseram de novo até 2016, quando o TCE-RN afirmou ter encontrado corrupção no valor de R$ 77 milhões na construção da Arena das Dunas. O 7 a 1 já era história, assim como a campanha fracassada de Henrique Eduardo Alves ao governo do Rio Grande do Norte em 2014.

O Ministério Público Federal concluiu em 2017 que "entre 2012 e 2014, os deputados federais Eduardo Cunha e Henrique Eduardo Alves solicitaram e receberam propina, por meio de doações eleitorais oficiais, por conta de sua atuação política em favor dos interesses da construtora OAS, que realizou os pagamentos com autorização de seu presidente, Léo Pinheiro".

Não poderia faltar a Odebrecht no caso. A empresa doou R$ 2 milhões de modo ilegal para a campanha de Henrique Eduardo Alves ao governo do estado em 2014. A Odebrecht tinha interesse em investir na privatização da Companhia de Água e Esgoto do Rio Grande do Norte, um dos projetos que Henrique Eduardo Alves implementaria se fosse eleito. Os detalhes foram tratados pouco antes das eleições de 2014 entre Alexandre José Lopes Barradas, da Odebrecht, e Jaime Mariz de Faria Júnior, assessor informal de Henrique Eduardo Alves sobre esse assunto. À época, Jaime ocupava um cargo de confiança no Ministério da Previdência Social, e o ministro era Garibaldi Alves Filho.

O caso do Estádio do Maracanã tem algumas semelhanças com o da Arena Dunas. Elaborado pelo governo carioca, comandado por Sérgio Cabral (PMDB), o edital para realizar a obra foi aberto em julho de 2010. O consórcio vencedor foi formado pelas construtoras Andrade Gutierrez, Delta e Odebrecht. As brechas começaram já no edital, confeccionado para que essas empreiteiras ganhassem. De acordo com um auditor do governo federal, "a licitação do Maracanã foi um acinte. Foi direcionada pra caramba. Mantinha os mínimos elementos para formar uma convicção acerca do preço da obra, mas faltavam elementos óbvios no projeto básico, e isso suscitou mudanças de escopo ao longo da obra. Era um edital muito subjetivo[2]". O edital exigia, por exemplo, atestados para serviços pouco significativos em relação ao total da obra. O memorial descritivo que acompanha o edital não detalhou soluções técnicas que deveriam guiar o projeto executivo, o que implica fácil mudança na quantidade de produtos a serem usados na obra. Isso estimula a adoção posterior de aditivos contratuais. Além disso, o edital definiu preços acima dos praticados no mercado. Com isso, a empresa poderia comprar o produto indicado por um valor mais barato e assim aumentar o lucro.

A pedido do Ministério Público, a Controladoria-Geral da União elaborou, em 2011, duas notas técnicas a respeito do Estádio do Maracanã[3]. Encaminhadas para o Ministério Público, a Casa Civil da Presidência da República, o BNDES, a Advocacia-Geral da União, o Tribunal de Contas da União, o governo estadual do Rio de Janeiro e o Tribunal de Contas do estado do Rio de Janeiro, essas análises da CGU nunca foram publicadas.

---

2 Ex-Funcionário da Controladoria-Geral da União. 14 ago. 2016.
3 Controladoria-Geral da União. Secretaria Federal de Controle Interno da Controladoria-Geral da União. Notas técnicas 697 e 2038. Brasília, 2011. Os documentos foram disponibilizados pela assessoria de imprensa da Controladoria-Geral da União em 2016. São as Notas Técnicas 697 e 2038, editadas pela Secretaria Federal de Controle Interno da Controladoria-Geral da União em 2011.

O primeiro documento[4] indica ao menos dois fatos graves. O primeiro é a identificação de sobrepreço em seis dos trinta serviços analisados no projeto básico da obra do Estádio do Maracanã, totalizando um sobrepreço de R$ 174,4 milhões. Um dos casos mais estranhos é o de "fornecimento e colocação das novas cadeiras na área vip FIFA". Segundo os analistas da CGU, o custo previsto para o Maracanã era de R$ 509,94 por unidade, contra R$ 221,14 na Arena Amazônica, em Manaus. Multiplicando essa diferença por 6.572 assentos, a diferença ficava em R$ 2,2 milhões.

Como segundo fato grave, a Controladoria-Geral da União apontou aos órgãos governamentais competentes, inclusive o Ministério Público, que o edital de licitação para a reforma do Estádio do Maracanã foi ilegal e deveria ser anulado[5]. Mas em agosto de 2011, o Tribunal de Contas da União decidiu que não havia impedimento para o prosseguimento da obra. A decisão foi tomada pelos ministros Benjamin Zymler, Valmir Campelo (relator), Walton Alencar Rodrigues, Augusto Nardes, Aroldo Cedraz, Raimundo Carreiro, José Jorge de Vasconcelos Lima e José Múcio Monteiro Filho. Afinal, àquela altura, mexer-se contra a corrupção era mexer contra o país. Essas são apenas duas histórias sobre corrupção em estádios da Copa do Mundo.

Infraestrutura e atos corruptos andam juntos não só no Brasil. É uma tendência mundial. O que diferenciou o Brasil nos últimos dez anos foi o volume de dinheiro destinado para esse tipo de política pública. Quando prefeito de São Paulo, Paulo Maluf (PP) remanejou, da área social para a área de infraestru-

---

4 CONTROLADORIA-GERAL DA UNIÃO. Secretaria Federal de Controle Interno da Controladoria-Geral da União. Nota técnica 697. Brasília, 2011.
5 Os analistas citam o Acórdão 1.874 de 2007 do Tribunal de Contas da União como base para essa sugestão.

tura, dinheiro suficiente para construir túneis superfaturados[6]. Houve um *trade-off* claro: menos dinheiro para creches, mais dinheiro para empreiteiras. No Brasil dos anos 2000, o custo da Copa, do PAC e dos empréstimos do BNDES começou a ser sentido apenas em 2013, no meio do primeiro mandato de Dilma Rousseff. A corrupção em obras de infraestrutura foi o ponto central do acordo entre PT e PMDB firmado a partir da campanha presidencial de 2010. Construtoras como Andrade Gutierrez, OAS, Odebrecht, entre outras, foram coautoras animadas desse trato. Com justiça, são associadas pelos cidadãos à bandalheira, mesmo que tentem se redimir firmando acordos de leniência com a força-tarefa da Operação Lava Jato.

De acordo com uma pesquisa do Instituto Ipsos realizada com exclusividade para este livro, as construtoras mais implicadas pela Operação Lava Jato são: Odebrecht (50%), Camargo Corrêa S. A. (36%), Andrade Gutierrez (35%), Queiroz Galvão (23%), OAS S/A (20%), Galvão Engenharia (18%), UTC Engenharia (6%), MRV Engenharia (5%), A.R.G. (3%), Construcap (3%), Racional Engenharia (2%) e Toyo Setal (1%). Para os cidadãos entrevistados, as empreiteiras implicadas em escândalos de corrupção devem: a) pagar multa, ter seus executivos presos e voltar a funcionar somente no setor privado, sem contratos com o setor público (36%); b) pagar multa, ter seus executivos presos e voltar a funcionar no setor privado e no setor público (15%); c) pagar multa e voltar a funcionar no setor privado e no setor público (3%); d) não pagar multa e voltar a funcionar, desde que denunciem outros corruptos (2%)[7].

---

6 GUEDES, Odilon. *As distorções na execução orçamentária no município de São Paulo, 1993-1996*. São Paulo, 1998. 174 páginas. Dissertação de Mestrado em Economia – PUC-SP.
7 A pesquisa foi realizada com 1.200 pessoas em setembro de 2016. Agradeço ao Danilo Cersosimo e ao Instituto Ipsos pelos dados.

Antes de discutir como os órgãos de controle estão lidando com as empresas corruptas, vale analisar quais são os mecanismos por meio dos quais a corrupção em infraestrutura é realizada. As empreiteiras têm antigas ligações com os governos e forte dependência em contratos públicos para sobreviverem. Durante a ditadura militar, essas empresas se beneficiavam de decisões "chinesas", como a baixa participação popular na definição e implementação de grandes obras de infraestrutura[8] e a fraca execução de leis trabalhistas. O governo federal também dava isenções tributárias e subsídios impossíveis de serem acompanhados pela sociedade e pela imprensa, além de fechar o mercado para empresas internacionais e estatais brasileiras[9]. Tudo conspirava para o sucesso de empreiteiras como a Odebrecht.

Com a redemocratização e a promulgação da Constituição Federal de 1988, os empresários buscaram laços com os novos detentores do poder. A Comissão Mista de Orçamento, comandada por parlamentares muito menos conhecidos do que o "Senhor Constituinte" Ulysses Guimarães (PMDB), tornou-se o principal ponto para as trocas corruptas. Sob o comando técnico de José Carlos Alves dos Santos, consultor concursado da área de orçamento do Senado Federal, um grupo de dezenas de parlamentares (e uns poucos ministros) aproveitava-se da hipe-

---

8 PEREIRA, Ana Karine. Desenvolvimentismo, conflito e conciliação de interesses na política de construção de hidrelétricas na Amazônia brasileira. In: GOMIDE, Alexandre; PIRES, Roberto (Org.). *Capacidades estatais e democracia: arranjos institucionais de políticas públicas*. Brasília: Ipea, 2014, p. 161-185. Disponível em: <http://www.ipea.gov.br/portal/images/stories/PDFs/livros/capacidades_estatais_e_democracia_web.pdf>. Acesso em: 31 ago. 2017. Outro texto argumenta que a participação social em obras de infraestrutura permanece precária. Ver PIRES, Roberto; GOMIDE, Alexandre. Variações setoriais em arranjos de implementação de programas federais. *Revista do Serviço Público*, v. 66, n. 2, p. 195-226, 2015. Disponível em: <https://revista.enap.gov.br/index.php/RSP/article/view/523/699>. Acesso em: 31 ago. 2017.
9 Todos esses elementos são analisados em CAMPOS, Pedro Henrique Pedreira. *Estranhas catedrais:* as empreiteiras brasileiras e a ditadura civil-militar, 1964-1988. Niterói: Editora da UFF, 2013.

rinflação e da inexistência de órgãos de controle capacitados para controlar grande parte do orçamento federal para fins corruptos[10].

Quem conta melhor é Cláudio Melo Filho, funcionário da Odebrecht desde 1989, em sua colaboração premiada: "Apurou-se na CPI dos 'Anões do Orçamento' que parlamentares negociavam as emendas pelo recebimento de percentuais dos recursos que seriam futuramente repassados às obras. A Odebrecht acabou envolvida no escândalo, tendo, inclusive, sido realizada busca e apreensão na residência de um de seus executivos. Pelo que escutei à época, as emendas eram levadas aos parlamentares por representantes da Odebrecht, sendo que aqueles eram responsáveis pela apresentação e aprovação das mesmas. No momento em que os recursos aprovados eram transferidos para as obras, havia o repasse para o político responsável pela emenda, em percentual previamente acordado com os representantes da Odebrecht. Após esse acontecimento (o escândalo), a Odebrecht mudou radicalmente sua forma de atuação estratégica quanto ao tema. Nesse momento, os recursos para as obras passaram a ser aprovados e liberados diretamente pelo Poder Executivo, por meio da criação de dotação orçamentária específica, que não mais sofria influência individual de parlamentares. Este acompanhamento e pressão política para as liberações de recursos são feitos diretamente pelos responsáveis da empresa pelas respectivas obras junto ao Poder Executivo"[11].

---

10 Para uma narrativa do escândalo, ver Krieger, Gustavo; Rodrigues, Fernando; Bonassa, Elvis. *Os donos do Congresso*. São Paulo: Ática, 1994. Sobre as consequências institucionais da CPI do Orçamento, ver Praça, Sérgio. *Corrupção e reforma orçamentária no Brasil, 1987-2008*. São Paulo: Annablume, 2013.

11 Bulla, Beatriz; Macedo, Fausto; Matais, Andreza. Leia delação de Cláudio Melo Filho, da Odebrecht. *O Estado de S. Paulo*, 06 dez. 2016. Disponível em: <http://politica.estadao.com.br/blogs/fausto-macedo/leia-delacao-de-claudio-melo-filho/>. Acesso em: 04 set. 2017.

A mudança descrita pelo funcionário da construtora é monumental. As empreiteiras não passaram a ignorar parlamentares, mas agora a conexão com eles importava mais pelos relacionamentos dos deputados nos ministérios do que pelo poder orçamentário do Congresso Nacional. Mais do que nunca, influenciar licitações passou a ser a ordem do dia. O reforço financeiro para obras de infraestrutura a partir do PAC, em 2007, acentuou esse processo.

A Odebrecht e as outras empreiteiras não precisaram inovar: as três principais maneiras de corromper licitações são conhecidas há tempos. A primeira é o acordo prévio entre participantes. Pode-se, por exemplo, definir a ordem em que cada empresa do cartel vai vencer: os estádios da Copa do Mundo de 2014 foram distribuídos assim. Os ganhadores da licitação no tempo A perderão no tempo B, em rodízio. As propostas dos licitantes são previamente acordadas entre eles, com possibilidade de "cobertura". Para a empresa X vencer, as empresas Y e Z fazem propostas mais caras.

A segunda é com o superfaturamento. O governante pode trabalhar com valores muito acima dos de mercado e pode haver desvios. Finalmente, a terceira é com especificações subjetivas definidas nos processos de licitação pelos governantes e seus burocratas. Ao elaborar o edital, o governo tem a prerrogativa de identificar "condições especiais" para a realização do serviço, além de poder definir fatores relativos à "qualidade" dos serviços prestados. São dois exemplos de especificações com poucos contornos objetivos, facilitando a fraude e o conluio entre governo e atores privados corruptos. "Licitações podem ser direcionadas quando se coloca, na definição do objeto, um requisito que apenas uma ou duas empresas podem cumprir.

Isso pode ser casado com uma qualificação técnica, como 'a empresa participante precisa já ter feito bobinas do tipo X', e/ou com uma qualificação econômico-financeira, relativa à boa saúde financeira e porte da empresa. Isso acontece em toda a administração pública federal", de acordo com um auditor experiente[12].

Os editais para obras são feitos por comissões de licitação. Previstas na lei 8.666/1993, pode participar dos editais qualquer funcionário público, exceto temporário. Mesmo quem ocupa cargo de confiança e não é concursado pode participar, de acordo com decisão do Tribunal de Contas da União[13]. Se você não tem intenção de entrar para um esquema corrupto, participar de uma comissão de licitação significa apenas "stress e ter que se atualizar com relação à legislação. Não há incentivo nenhum. É algo que você faz além do seu trabalho normal"[14]. Um estudo dos cientistas políticos Taylor Boas, Daniel Hidalgo e Neal Richardson indica que nessas comissões ocorrem boa parte das relações espúrias entre empresas e políticos no Brasil[15].

Uma vez vencida a licitação, o caminho corrupto continua por meio de aditivos contratuais[16]. Trata-se da possibilidade de aumentar até 25% do valor do contrato inicial, de

---

12 Funcionário da Petrobras. set. 2016.
13 Funcionário da Petrobras. set. 2016.
14 Funcionário da Controladoria-Geral da União. jun. 2016.
15 Boas, Taylor C.; Hidalgo, Daniel F.; Richardson, Neal P. The Spoils of Victory: Campaign Donations and Government Contracts in Brazil. *Journal of Politics*, v. 76, n. 2, p. 415-429, abr. 2014. Disponível em: <http://people.bu.edu/tboas/political_investment.pdf>. Acesso em: 31 ago. 2017.
16 São comuns no mundo todo, como mostra Wells, Jill. Corruption and collusion in construction: a view from the industry. In: Soreide, Tina; Williams, Aled (Org.). *Corruption, Grabbing and Development: Real World Challenges*. Cheltenham: Edward Elgar, 2014, p. 23-34. Disponível em: <https://www.elgaronline.com/view/9781782544401.00010.xml>. Acesso em: 31 ago. 2017.

acordo com a lei 8.666/1993. Essa norma tem uma tarefa ingrata: impedir que uma empresa estabeleça um "menor preço" absurdo para ganhar a concorrência, mas, ao mesmo tempo, permitir que a empresa vencedora consiga realizar ajustes mais ou menos imprevistos durante a execução da obra. Esses ajustes "imprevistos" são, frequentemente, resultado de um projeto básico com muitos erros fornecido pelo governo, como vimos no caso do Estádio do Maracanã. A negociação de aditivos é tão importante que chega a emperrar o fluxo de propina de empresas para partidos políticos. Um acréscimo de 5% do valor na obra da Usina Hidrelétrica de Belo Monte por meio de aditivo contratual, por exemplo, estremeceu, por um período, a relação entre a Andrade Gutierrez e o PT e o PMDB[17].

Uma opção para tentar resolver esse problema é fazer a "contratação integrada" prevista no Regime Diferenciado de Contratações (lei 12.462/2011). De acordo com essa lei, a empresa que fará a obra é também responsável por elaborar o projeto básico, e não apenas o projeto executivo. Transfere-se o risco para o empresário, e os aditivos são proibidos. Mesmo na Copa do Mundo algumas obras de estádios foram feitas com esse tipo de licitação, mas pouco adiantou: há outros mecanismos que facilitam atos corruptos.

Nada do que já foi descrito até agora se aproxima do descontrole em licitações da Petrobras. Todo o esquema de corrupção na estatal pode ter origem em uma sequência de decisões legislativas e judiciais tomadas de 1997 a 2006, sem que se soubesse de suas possíveis consequências negativas[18]. A

---

17 MACEDO, Fausto. Leia as delações que implicam Edison Lobão, Romero Jucá e Vaccari em corrupção em Angra 3. *O Estado de S. Paulo*. Disponível em: <http://politica.estadao.com.br/blogs/fausto-macedo/leia-as-delacoes-que-implicam-edison-lobao-romero-juca-e-vaccari-em-corrupcao-em-angra-3/>. Acesso em: 04 set. 2017.

18 Os próximos parágrafos são baseados em GEBRIM, Larissa Santiago. *A adoção do*

Lei do Petróleo (lei 9.478/1997), editada em agosto de 1997, autorizou a Petrobras a seguir regras para contratações que são diferentes das regras para o resto da administração pública federal. De acordo com o artigo 67 da lei, "os contratos celebrados pela Petrobras, para aquisição de bens e serviços, serão precedidos de procedimento licitatório simplificado, a ser definido em Decreto do Presidente da República". A autorização foi reforçada pela Emenda Constitucional 19/1998.

Em agosto de 1998, o presidente Fernando Henrique Cardoso editou o decreto 2.745/1998 para definir as regras das licitações da Petrobras. Para acompanhá-lo, a empresa editou um manual interno. A primeira mudança com relação à lei 8.666/1993, usada pelo restante da administração pública como norma para as licitações, diz respeito à possibilidade de contratação integrada. Nesse tipo de licitação, todas as etapas de uma obra ou de um serviço de engenharia serão realizadas pela mesma empresa, a partir de um anteprojeto publicado pelo governo ou pela empresa estatal. Isso traz ao menos três vantagens: o custo do projeto se torna mais previsível, a execução do projeto tende a destoar menos do projeto (afinal, é a empresa que vai fazê-lo, não o governo!), e, caso ocorra qualquer problema, há apenas uma empresa (ou um consórcio de empresas) a ser responsabilizada. Na lei 8.666, a empresa contratada para fazer o projeto básico pode responsabilizar a empresa contratada para executar a obra pelo superfaturamento, e vice-versa.

A segunda principal diferença entre a lei 8.666 e o decreto 2.745, utilizado pela Petrobras, refere-se à forma de

---

procedimento licitatório simplificado pela Petrobrás sob as perspectivas do STF e do TCU. São Paulo: Escola de Formação da Sociedade Brasileira de Direito Público, 2013. Disponível em: <http://www.sbdp.org.br/monografias_ver.php?idConteudo=227>. Acesso em: 31 ago. 2017.

escolha da modalidade de licitação. A lei 8.666 é clara: para contratar serviços e obras de até R$ 50 mil, a modalidade é "convite". Qualquer empresa, após definidos critérios bastante básicos, pode ser contratada. Faz sentido quando se trata de valores pequenos. A segunda modalidade prevista pela lei 8.666, para licitações entre R$ 50 mil e R$ 1,5 milhão, é "tomada de preços", na qual só podem participar empresas interessadas com cadastro prévio e exigências mínimas de qualificação mais restritivas do que da modalidade "convite". Acima de R$ 1,5 milhão, a lei 8.666 exige a modalidade "concorrência", na qual os critérios mínimos de entrada no processo são definidos no edital – tornando a participação mais restrita, mas não necessariamente pouco competitiva. A intenção, aliás, é que a concorrência seja realizada de modo bastante competitivo entre empresas bem qualificadas, e que seja contratada a que oferecer boas condições para fazer a obra ou o serviço pelo menor preço[19].

O decreto da Petrobras não estabelece esses critérios objetivos, de valores fixos, para que se estabeleça a modalidade de contratação. Assim, os diretores da estatal acabam escolhendo a modalidade "convite" mesmo para obras milionárias. Um relatório do Tribunal de Contas da União, divulgado em fevereiro de 2016, mostra que a Petrobras contratou R$ 200 bilhões em bens e serviços por essa modalidade entre 2011 e 2014[20].

Não é surpreendente que o TCU conteste as normas de licitação da Petrobras. Em 2002, o órgão de controle adotou a estratégia de questioná-las por serem inconstitucionais. Seriam derivadas do artigo 67 da Lei do Petróleo, incorrendo em dele-

---

19 Há outros critérios além desse, mas esse é o mais básico para licitações no Brasil.
20 BORGES, André. Petrobras contratou, sem licitação, R$ 167 bi. *O Estado de S. Paulo*, São Paulo, 17 fev. 2016. Disponível em: <http://economia.estadao.com.br/noticias/geral,petrobras-contratou-r-167-bi-sem-licitacao,10000016955>. Acesso em: 31 ago. 2017.

gação imprópria – pois uma simples lei não poderia orientar a estatal de modo diferente do que prevê a Constituição Federal. Esse argumento foi derrubado pelo STF. Então o TCU passou a questionar as licitações da estatal com argumentos de Direito Administrativo.

Segundo Ubiratan Aguiar, ministro do TCU, em acórdão de 2004, as licitações da Petrobras não estabelecem "qualquer limite objetivo" para o uso da modalidade "convite", e isso é grave. Assim, é permitido que contratações vultuosas sejam realizadas selecionando os participantes de antemão, proibindo a participação de outras empresas interessadas. Além disso, não há critérios predefinidos para a seleção da proposta mais vantajosa para a administração pública no edital. E isso, de acordo com Aguiar, "viola mandamentos básicos da impessoalidade, da isonomia e do julgamento objetivo", previstos não só na Constituição Federal, mas no próprio decreto 2.745/1998.

Mas, em 2006, uma decisão de Gilmar Mendes, juiz do Supremo Tribunal Federal, considerou que o decreto 2.745/1998 estaria simplesmente regularizando o artigo 67 da Lei do Petróleo. E a Petrobras, sujeita à livre competição no mercado após a flexibilização do monopólio do petróleo, teria direito a regras de licitações menos rígidas do que as estabelecidas pela lei 8.666/1993.

Fiando-se nessa decisão de Mendes, a Petrobras continua realizando licitações do mesmo jeito, obtendo mandados de segurança no Supremo Tribunal Federal que bloqueiam as tentativas de controle do TCU. As decisões judiciais, por enquanto, são "monocráticas e cautelares", significando que não há um entendimento definitivo do STF sobre o assunto. Assim, temos o pior dos dois mundos: corrupção e insegurança jurídica.

Mas não nos preocupemos. Um funcionário da Petrobras cujo salário não está publicado na internet propõe um remédio republicano para um mal pouco republicano: "O regime de contratação daqui é mais flexível do que a 8.666, e tem que ser flexível mesmo. Corrupção deveria ser prevenida com mais transparência e com o monitoramento da evolução patrimonial dos dirigentes. Deveria ser obrigatório que dirigentes das estatais divulgassem seus salários e seus bens"[21].

Um dos casos mais exemplares de corrupção na Petrobras é o da Refinaria de Abreu e Lima. O cartel de empreiteiras na Petrobras tinha quatro núcleos: burocrático (diretores da estatal), empresarial (construtoras), financeiro (doleiros) e político (presidente, parlamentares e ministros). Os políticos nomearam funcionários concursados, com décadas de experiência na Petrobras, para diretorias estratégicas – entre elas, as de Abastecimento[22], Serviços[23] e Internacional. Esses cargos foram ocupados, respectivamente, por Paulo Roberto Costa, Renato Duque e Nestor Cerveró. Bancados por partidos da coalizão liderada pelo PT desde 2003, especialmente pelo próprio PT, o PP e o PMDB, esses diretores tinham como tarefa básica facilitar a vida das empreiteiras que formavam o cartel. De acordo com a força-tarefa da Lava Jato, a organização criminosa que dominou a Petrobras cometeu, de forma sistemática, os seguintes crimes: cartel, corrupção ativa e lavagem de ativos contra as licitações, contra a ordem tributária e contra o sistema financeiro nacional.

Paulo Roberto Costa foi o primeiro pego pela Justiça, a partir da colaboração premiada do doleiro Alberto Youssef. Sua

---

21 Funcionário da Petrobras. 29 set. 2016.
22 Área responsável pelas refinarias da Petrobras.
23 Área responsável pela contratação de empresas para fornecer bens e serviços para qualquer área da estatal.

ligação direta era com o PP, embora não deixasse de ter contato com outros políticos. Quando os deputados federais Pedro Corrêa (PP) e José Janene (PP) reclamaram com o presidente Lula, em 2006, a respeito do dinheiro ilícito destinado ao partido (era pouco!), Lula disse: "Vocês têm uma diretoria muito importante. Paulinho deixou o partido muito bem abastecido, com dinheiro para fazer a eleição de todos os deputados"[24]. Isso mostra que a confiança do comandante máximo da nação em um diretor da Petrobras chegava ao ponto de combinar com ele quanto dinheiro iria para um dos partidos da coalizão.

Renato Duque foi promovido à diretoria de Serviços após uma carreira de 25 anos na estatal. De acordo com funcionários da Petrobras consultados pela jornalista Roberta Paduan[25], "Duque pulara três posições de uma vez, saindo de uma gerência de divisão, a de Contratação de Sondas de Perfuração, no terceiro nível abaixo da diretoria. Seguindo os critérios de meritocracia adotados na empresa, não era um nome cogitado para assumir a função. Os funcionários brincavam, comparando a promoção de Duque às acrobacias realizadas pela ginasta brasileira Daiane dos Santos. 'Foi um salto digno de medalha de ouro, um duplo twist carpado'".

Nestor Cerveró tornou-se mais famoso do que seus colegas por protagonizar a prisão do senador Delcídio do Amaral (PT) em novembro de 2015. Seu filho, Bernardo, gravou uma reunião com Delcídio na qual o senador propunha pagar pelo silêncio de seu pai. Não funcionou. Preso em flagrante, Delcídio firmou acordo de colaboração premiada

---
24 MINISTÉRIO PÚBLICO FEDERAL. Procuradoria da República. *Relatório*. Paraná, 14 set. 2016. Relatório.
25 PADUAN, Roberta. *Petrobrás:* uma história de orgulho e vergonha. Rio de Janeiro: Objetiva, 2016, p. 157.

detalhando um pouco mais os esquemas de corrupção durante o período do PT na presidência.

Os fiadores das nomeações para essas diretorias eram políticos, como os já citados Corrêa e Janene, além de Pedro Henry (PP), Valdemar Costa Neto (PR), Roberto Jefferson (PTB), Romeu Queiroz (PTB), José Rodrigues Borba (PMDB), José Dirceu (PT), entre outros. Todos exercem cargos relevantes no sistema político brasileiro, como lideranças de bancadas partidárias, presidências de partidos políticos e ministérios.

O presidente Lula foi beneficiado por esse esquema durante e depois de sua presidência. Para o Ministério Público Federal, seus atos criminosos evidenciaram-se pela relação próxima que ele tinha com os principais executivos de empreiteiras, como a OAS e a Odebrecht, que fraudaram as licitações da Refinaria Abreu e Lima, em Pernambuco, e da Refinaria Presidente Getúlio Vargas, no Paraná.

Primeira obra da Petrobras citada na Operação Lava Jato, o caso da Refinaria Abreu e Lima é exemplar para entender o esquema completo, inclusive os limites dos órgãos de fiscalização. Segundo um ex-funcionário da Odebrecht, o pagamento de propina a três partidos apenas por essa obra foi de R$ 90 milhões[26]. A obra consta do PAC 2 (Programa de Aceleração do Crescimento), lançada pelo governo federal em março de 2010, com implementação entre 2011 e 2014 e custo previsto de R$ 955 bilhões[27]. Ao contrário do que se

---

26 WARTH, Anne. Obras na refinaria Abreu e Lima renderam R$ 90 mi em propina a aliados do PP, PT e PSB, *O Estado de S. Paulo*, São Paulo, 23 abr. 2017. Disponível em: <http://politica.estadao.com.br/noticias/geral,obras-na-refinaria-abreu-e-lima-renderam-r-90-mi-em-propina-a-pp-pt-e-psb,70001748996>. Acesso em: 31 ago. 2017.

27 Para um resumo do PAC 2, ver CARDOSO JR, José Celso; NAVARRO, Cláudio Alexandre. TD 2174 – O planejamento governamental no Brasil e a experiência recente (2007 a

imaginava no início do programa, em 2007, o PAC não se resumiu a grandes projetos de infraestrutura. O Ministério do Planejamento afirma que "o PAC 2 está investindo na construção de equipamentos públicos que levem à população conforto, segurança e acesso a serviços essenciais como creches, unidades básicas de saúde, espaços para esporte, cultura e lazer"[28]. Acelerar o crescimento construindo creches e quadras? Difícil. Mas, com a crescente priorização de projetos do PAC nos gastos governamentais, um dos principais fatores para ter um projeto executado pelo governo é que ele faça parte do programa criado por Dilma Rousseff[29].

Além da facilidade na execução orçamentária, o parlamentar interessado em incluir seu projeto predileto no PAC também contaria com uma fiscalização frouxa. A Operação Lava Jato desvendou desvios de centenas de milhões de reais em obras como Belo Monte e várias outras da Petrobras. O PAC foi executado de modo corrupto. Ninguém estava olhando? Havia uma secretaria específica, dentro do Ministério do Planejamento, para acompanhar o PAC, chamada Secretaria do Programa de Aceleração do Crescimento (Sepac).

Um dos gestores da Sepac, entrevistado pelo pesquisador Roberto Pires, afirmou o seguinte sobre as competências da secretaria: "Nós fazemos o acompanhamento, monitoramento, articulação de projetos que são executados por outros ministérios ou por empresas estatais e empresas privadas. Nosso papel

---

2014) do Programa de Aceleração do Crescimento (PAC). *Texto para discussão*, Brasília: IPEA, fev. 2016. Disponível em: <http://www.ipea.gov.br/portal/index.php?option=com_content&view=article&id=27217&catid=390&Itemid=406>. Acesso em: 29 ago. 2017.

28 Ministério do Planejamento, Desenvolvimento e Gestão. Qual a diferença entre PAC 1 e PAC 2?. Disponível em <http://www.planejamento.gov.br/servicos/faq/pac-programa-de-aceleracao-do-crescimento/visao-geral/qual-a-diferenca-entre-pac1-e-pac2>. Acesso em: 29 ago. 2017.

29 Funcionário do Ministério do Planejamento, Orçamento e Gestão. 22 jan. 2014.

é garantir que a obra seja executada da melhor forma possível, respeitando todos os procedimentos [e.g. licenciamento socioambiental] e a participação de todos os órgãos do governo envolvidos"[30]. Outra funcionária da secretaria, entrevistada para o mesmo estudo, comentou o fato de ministérios não controlados pelo PT serem responsáveis por várias obras do programa: "O PAC impede aquelas tomadas de decisões, assim, pouco republicanas, né? (...) Você consegue, efetivamente, fazer o governo, pelo menos na área de infraestrutura, caminhar para um projeto determinado de política pública, dar coerência a esse tipo de visão de país". Ela deve ter sido uma das poucas pessoas surpreendidas pelo conteúdo, e não só pelas circunstâncias, da colaboração premiada de Delcídio do Amaral.

Para azar dos burocratas e políticos corruptos, o Tribunal de Contas da União (TCU), órgão de controle externo, auxiliar ao Congresso Nacional, tem como prerrogativa fiscalizar os investimentos da Petrobras. Muitos gastos do PAC 2 eram realizados por empresas estatais. No PAC 1, as empresas estatais foram responsáveis por R$ 176 bilhões, 31,5% do total. O valor diminuiu no PAC 2 para R$ 260 bilhões, uma queda de 26%. Só o TCU tinha conhecimento suficiente sobre obras desse porte para poder realizar um trabalho decente de fiscalização.

O foco do TCU em grandes projetos de infraestrutura iniciou, de acordo com um ex-funcionário do órgão[31], com o escândalo do Tribunal Regional do Trabalho de São Paulo, no fim dos anos 1990[32]. Parlamentares e auditores concordaram em es-

---

30 PIRES, Roberto Rocha Coelho. Por dentro do PAC: dos arranjos formais às interações e práticas dos seus operadores. In: CAVALCANTE, Pedro; LOTTA, Gabriela (Orgs). *Burocracia de médio escalão:* perfil, trajetória e atuação. Brasília: ENAP, 2015, p. 178-223.
31 FUNCIONÁRIO DO SENADO FEDERAL. 15 jun. 2008.
32 Sobre esse escândalo, ver VASCONCELOS, Frederico. *Juízes no banco dos réus.* São Paulo: Publifolha, 2005.

tabelecer, nas Leis de Diretrizes Orçamentárias (LDOs), editadas uma vez por ano, uma lista de obras com "indícios de irregularidades graves". O TCU pode recomendar a paralisação dessas obras, o que pode acontecer se a Comissão Mista de Orçamento (CMO) do Congresso Nacional concordar. O órgão, portanto, informa os parlamentares e, ao mesmo tempo, a sociedade. Obras que interessam muito aos parlamentares terão chances menores de serem paralisadas, mas a pressão dos auditores, da sociedade e da mídia pode mudar isso.

Em 2009, o TCU recomendou a suspensão do envio de verba federal para a Refinaria Abreu e Lima, a qual tem justificativa técnica para existir, ao contrário de outras obras incluídas no PAC 2. Foi construída perto de um bom ponto de distribuição de óleo diesel para o Nordeste. Mas não pode ser feita com corrupção. O Congresso concordou com o TCU e aprovou a LDO com essa recomendação, mas o presidente Lula vetou esse trecho. No ano seguinte, a mesma recomendação foi dada, e o governo ganhou já na comissão orçamentária. "O senador Fernando Collor (PTB) nos chamava de 'técnicos gravatinhas que não sabem de nada'", recorda um auditor do TCU[33]. "Participei de uma reunião em 2012, antes de uma audiência pública na comissão, com três parlamentares e seus assessores legislativos, além de funcionários da Petrobras. Os congressistas queriam que entrássemos em um acordo. Fácil: basta a Petrobras seguir a lei! É nossa prerrogativa fiscalizar se as obras estão superfaturadas. E os representantes da Petrobras, assim como fez o presidente Lula e muitos parlamentares, diziam que o TCU não considerava a quantidade de empregos gerados nas obras da Refinaria Abreu e Lima."

---

33 Funcionário do Tribunal de Contas da União. 13 set. 2016.

É interessante notar que a descoberta de corrupção nessa refinaria mesmo antes da Operação Lava Jato, iniciada em 2014, só foi possível por causa de outro mecanismo legislativo inserido na Lei de Diretrizes Orçamentárias[34]. O TCU usa a LDO (com anuência dos parlamentares, é claro) para colocar alguns itens que facilitam seu trabalho. Como um dos pilares de qualquer auditoria é detectar um superfaturamento, os auditores indicam, nas LDOs, tabelas de referências de preços para guiar a administração pública federal. Se um dirigente do Ministério das Cidades quer comprar um ar-condicionado para seu setor, a licitação tem que se guiar por essas tabelas. "A Petrobras usa aço. Vemos o preço de aço na tabela de referência. Checamos por quanto a Petrobras compra. Estão pagando R$ 20,00 mais caro, R$ 20,00 de superfaturamento. A Petrobras se defendia dizendo que não podemos usar preços da indústria comum para a indústria do petróleo, pois são setores econômicos diferentes. Falavam isso em tom de deboche, como se o TCU não soubesse o que estava fazendo. Paulo Roberto Costa disse, em uma Comissão Parlamentar de Inquérito, que estávamos comparando o preço de sua refinaria com o de uma rodovia. Plantei uma nota na imprensa dizendo que aquilo era um absurdo. Por que o caminhão de terra custa o dobro em uma refinaria do que em uma rodovia?"[35]. Alguns economistas, analisando um país no qual obedecer uma tabela de referência de preços não é obrigatório, responderiam que essa discrepância se dá por conta de diferenças de governança dos órgãos públicos[36]. A partir

---

34 Para uma análise mais completa sobre o uso político da Lei de Diretrizes Orçamentárias, ver Praça, Sérgio. A prática das Leis de Diretrizes Orçamentárias (LDOs) no governo federal brasileiro (1989-2010). In: Salto, Felipe; Almeida, Mansueto (Org.). *Finanças públicas:* da contabilidade criativa ao resgate da credibilidade. Rio de Janeiro: Record, 2016, p. 93-114.
35 Funcionário do Tribunal de Contas da União. 13 set. 2016.
36 Ver Bandiera, Oriana; Prat, Andrea; Valletti, Tommaso. Active and Passive Waste in

de 2013, segundo o funcionário do TCU, a Petrobras passou a utilizar corretamente a tabela de preços sugerida para toda a administração pública federal.

O quadro descrito até aqui mostra alguns aspectos que ajudam a entender a extensão dos atos corruptos em órgãos estatais como Petrobras, Caixa Econômica Federal e BNDES. O dinheiro que circula pelas estatais é da ordem de bilhões de reais, não milhões – especialmente após o início do PAC. Ao contrário da administração direta – ou seja, os ministérios –, essa quantia é em grande medida gasta em investimentos e obras. Isso significa poder contratar empreiteiras e outras empresas que vivem de dinheiro público. Além disso, o setor de *compliance* dessas empresas é fraco, algo que talvez mude após a Lava Jato. E elas não estão sujeitas ao sistema de controle interno do Executivo. "Não utilizam mecanismos que permitiriam que fossem monitoradas", afirma Jorge Hage, ex-ministro da Controladoria-Geral da União. "Dois desses mecanismos são o Portal de Compras do Governo Federal (Comprasnet) e o Sistema Integrado de Administração de Recursos Humanos (Siape)"[37]. Nem a celebrada Lei de Acesso à Informação, aprovada em 2011 e implementada a partir de 2013, é respeitada pelas empresas estatais[38]. Bancos públicos se escondem atrás de regras que lhes permitem manter sigi-

---

Government Spending: Evidence from a Policy Experiment. *American Economic Review*, v. 99, n. 4, p. 1278-1308, set. 2009. Disponível em: <https://www.aeaweb.org/articles?id=10.1257/aer.99.4.1278>. Acesso em: 31 ago. 2017.

37 Gonçalves, Carolina. Na CPI da Petrobras, Hage defende maior controle do governo nas estatais. *Agência Brasil*, 7 jul. 2015. Disponível em: <http://www.ebc.com.br/noticias/politica/2015/07/na-cpi-da-petrobras-hage-defende-maior-controle-do-governo-nas-estatais>. Acesso em: 31 ago. 2017.

38 Para uma narrativa sobre o processo de aprovação da Lei de Acesso à Informação no Brasil, ver Michener, Gregory. How Cabinet Size and Legislative Control Shape the Strength of Transparency Laws. *Governance*, Wiley, v. 28, n. 1, jan. 2015, p. 77-94. Disponível em: <http://www.onlinelibrary.wiley.com/doi/10.1111/gove.12075/abstract>. Acesso em: 29 ago. 2017.

lo sobre informações que deviam ser abertas sob a desculpa de "sigilo de mercado". Como já disse um ex-presidente do BNDES no governo de Fernando Henrique Cardoso, o 'B' do BNDES não é de "bobo"[39]. Nem são bobos e angelicais os órgãos de combate à corrupção que pouco podem fazer contra esse problema em empresas estatais, conforme o exemplo da Refinaria Abreu e Lima que o Tribunal de Contas da União deixou claro. São instituições que procuram maximizar os interesses de seus membros e podem ser influenciadas por políticos eleitos. Dois vícios possíveis. Podem, também, satisfazer os interesses dos cidadãos de modo geral ao monitorar, investigar, responsabilizar e punir os corruptos e corruptores. Quatro comportamentos virtuosos que, como veremos nas páginas seguintes, nem sempre se somam.

---

39 A história está contada em FIUZA, Guilherme. *3.000 dias no bunker*. Rio de Janeiro: Record, 2006.

III
Órgãos de controle: vícios e virtudes

No fim do governo Fernando Henrique Cardoso, em 2002, os órgãos de combate à corrupção não tinham boa reputação. O Judiciário era visto como lento, ineficaz e inócuo contra políticos criminosos. O Ministério Público Federal, comandado durante quatro mandatos de dois anos pelo procurador Geraldo Brindeiro, tinha fama de não incomodar políticos suspeitos sob a desculpa de não interferir em outros Poderes. O corpo técnico do Tribunal de Contas da União tinha autonomia para realizar auditorias e identificar irregularidades, mas esbarrava em acordos políticos dentro do colegiado de ministros. A Controladoria-Geral da União, em 2002, era embrionária, sem orçamento, recursos humanos e jurisdição suficientes para identificar corrupção dentro do Executivo. A Polícia Federal era comandada por delegados que mal disfarçavam preferências partidárias. Restavam as Comissões Parlamentares de Inquérito (CPIs) e a mídia para denunciar crimes e forçar o sistema político a tomar providências mínimas, com sucesso incerto.

Desde então, todas essas instituições iniciaram uma caminhada certeira para criarem melhores reputações, desenvolverem maior capacidade para fazer seu trabalho e, consequentemente, conquistarem mais autonomia com relação aos agentes políticos. Isso não ocorreu de forma deliberada, mas com pequenos passos, às vezes erráticos[1], e com novas leis impulsionadas por burocratas ativistas e cidadãos indignados. Uma coisa é certa: os políticos que assinaram essas mudanças não tinham ideia de suas consequências. Pior ainda para eles, uma vez que começou a ficar claro que os órgãos de controle estavam se movimentando para acabar com a impunidade de políticos e empresários criminosos. Pensaram que seus inimigos seriam atingidos e poderiam brecar os auditores, delegados, juízes e procuradores fazendo um "grande acordo nacional com o Supremo Tribunal Federal, com tudo"[2]. Erraram.

O principal momento da virada foi a descoberta do "Mensalão" petista em 2005. O deputado federal Roberto Jefferson deu entrevista, em junho daquele ano, para Renata Lo Prete, então repórter da *Folha de S.Paulo*. Revelou detalhes sobre a distribuição de cargos de confiança e dinheiro vivo para a compra de apoio de seu partido político pelo PT, bem como o de outros partidos da coalizão do governo petista. Parece banal hoje, mas o choque à época foi imenso. O comandante do esquema era José Dirceu, ministro-chefe da Casa Civil, *apparatchik* que, sob a benção de Lula, controlava o partido e a distribuição de cargos e outros benefícios para a coalizão. O PMDB era coadjuvante. Mais interessantes eram os partidos menores, como o Partido Liberal (PL), que depois se fundiu com o Partido de Reedificação da Ordem Nacional (PRONA) para se tornar o Partido da República (PR). O empresário mi-

---

[1] Praça, Sérgio; Taylor, Matthew. Inching toward accountability: the evolution of Brazil's anti-corruption institutions, 1985-2010. *Latin American Politics & Society*, Wiley, v. 56, n. 2, 2014, p. 27-48. Disponível em: <http://www.onlinelibrary.wiley.com/doi/10.1111/j.1548-2456.2014.00230.x/abstract>. Acesso em: 29 ago. 2017.
[2] Valente, Rubens. Em diálogos gravados, Jucá fala em pacto para deter avanço da Lava Jato. *Folha de S.Paulo*, Brasília, 23 maio 2016. Disponível em: <http://www1.folha.uol.com.br/poder/2016/05/1774018-em-dialogos-gravados-juca-fala-em-pacto-para-deter-avanco-da-lava-jato.shtml>. Acesso em: 31 ago. 2017.

neiro José Alencar (PL) foi vice-presidente de Lula, dando um verniz de responsabilidade econômica ao partido identificado nos anos 1980 e 1990 como socialista. O Partido Trabalhista Brasileiro (PTB), dirigido por Jefferson, entrou no jogo e financiou campanhas políticas por meio do controle de cargos em empresas estatais.

Pouco tempo após Roberto Jefferson confessar seus crimes e implicar o PT, foi cassado pela Câmara dos Deputados junto com José Dirceu, que havia renunciado ao ministério para reassumir o mandato de deputado federal, e Pedro Corrêa, que doze anos depois do Mensalão estava preso, tentando convencer delegados e procuradores que denunciaria gente suficiente para fazer jus aos benefícios de uma colaboração premiada. Depois que esses três deputados foram cassados, ficou a dúvida: ok, eles perderam o mandato, mas os organizadores do esquema serão punidos na Justiça por seus crimes?

A resposta veio do Supremo Tribunal Federal comandado pelo ministro Joaquim Barbosa. Indicado ao cargo por Lula, com a recomendação de Frei Betto, Barbosa mudou a história do país ao adotar uma interpretação criativa da legislação que puniria organizações criminosas como a petista.

Surpreendentemente, o sinal dado pelo sistema judicial de que havia acabado a impunidade de políticos criminosos não foi levado a sério por muitos representantes. Pessoas como João Cláudio Genu, tesoureiro do Partido Progressista, foram condenadas no Mensalão, continuaram seus esquemas e foram novamente incriminadas na Operação Lava Jato. Pensando bem, a ingenuidade não foi tão grande assim. O movimento dos órgãos de combate à corrupção, a partir de 2003, foi silencioso e repleto de consequências não antecipadas.

Um dos motivos para isso é a multiplicidade de instituições responsáveis por diferentes etapas do processo de identificar e punir responsáveis por atos corruptos. Maíra Machado e Bruno Paschoal propõem a divisão da tarefa de combater a corrupção em quatro tipos[3]. A primeira, monitoramento, fica a cargo de instituições como a Controladoria-Geral da União e o Tribunal de Contas da União. São procedimentos que não têm um alvo específico e são conduzidos de modo a identificar irregularidades a serem posteriormente investigadas. A segunda tarefa, de investigação, trata, nas palavras dos autores, de procedimentos de coleta e produção de provas para embasar um processo judicial ou administrativo de responsabilização. A Polícia Federal e o Ministério Público Federal são as instituições que cuidam disso. A terceira etapa é a de responsabilização, iniciada a partir de uma investigação civil, criminal ou administrativa, ou de um processo administrativo iniciado por instituições como a CGU. Nesta etapa, o Ministério Público Federal e o Judiciário são cruciais. Finalmente, a quarta tarefa trata de impor sanções, como prisão (inclusive preventiva, crucial para investigações), pagamento de multas e o retorno do dinheiro desviado para os cofres públicos. Instituições como o Judiciário e a Advocacia-Geral da União lideram essa tarefa.

Deve-se aos cientistas políticos Mathew McCubbins e Thomas Schwartz a ideia de que instituições são ativadas por mecanismos de "patrulhas policiais" ou "alarmes de incêndio"[4]. Imaginemos um empresário que corrompe – ou é

---

3 MACHADO, Maíra R.; PASCHOAL, Bruno. Monitorar, investigar, responsabilizar e sancionar: a multiplicidade institucional em casos de corrupção. *Novos Estudos*, Cebrap n. 104, mar. 2016, p. 11-36. Disponível em: <http:// http://www.academia.edu/26723098/Monitorar_investigar_responsabilizar_sancionar._A_multiplicidade_institucional_em_casos_de_corrup%C3%A7%C3%A3o>. Disponível em: 29 ago. 2017.

4 MCCUBBINS, Mathew D.; SCHWARTZ, Thomas. Congressional Oversight Overlooked: Police Patrols versus Fire Alarms. *American Journal of Political Science*, Midwest Political

corrompido – por um fiscal tributário. Seu restaurante deve R$ 100 mil em impostos municipais, mas a dívida pode ser liquidada ilegalmente pelo burocrata, por R$ 30 mil em propina. O empresário tem a vantagem de pagar menos dinheiro, e o funcionário público embolsa R$ 30 mil além de seu salário normal. O crime pode ser descoberto de pelo menos duas maneiras. A prefeitura pode instituir uma auditoria aleatória sobre os bens de que os servidores municipais dispõem e avaliar se estão de acordo com o salário que recebem. É uma "patrulha policial". Tem como objetivo tanto encontrar alguém que desvia do comportamento correto quanto o de mostrar para todos os funcionários que alguém está de olho no que eles estão fazendo. Mas a prefeitura também pode ser alertada por pessoas de fora do serviço público a respeito dos crimes que ali estão ocorrendo. Digamos que uma organização da sociedade civil tome a dianteira e alerte os administradores públicos de modo formal (por exemplo, marcando reuniões) ou informal, por intermédio da imprensa e redes sociais. Seriam "alarmes de incêndio".

A condição básica para que instituições de monitoramento de atos corruptos funcionem como "patrulhas policiais" é a independência com relação aos políticos. É algo longe de ser óbvio. Neste quesito, a Controladoria-Geral da União sofreu uma tentativa grave de interferência política durante a Operação Lava Jato. Quando Michel Temer (PMDB) foi alçado à presidência em maio de 2016, a Controladoria-Geral da União mudou de nome para Ministério da Transparência, Fiscalização e Controle. Os funcionários reclamaram. Apelidaram o ministério de "Tráfico". Alguns meses de-

---

Science Association, v. 28, n. 1, 1984, p. 165-79. Disponível em: <http://www.unc.edu/~fbaum/teaching/PLSC541_Fall08/mcubbins_schwartz_1984.pdf>. Acesso em: 29 ago. 2017.

pois, Temer voltou atrás e o renomeou para "Ministério da Transparência e Controladoria-Geral da União". Todos os jornalistas e funcionários do ramo continuam chamando o órgão de CGU.

Pior foi a escolha do novo ministro: Fabiano Silveira, consultor legislativo e membro do Conselho Nacional de Justiça. Menos de um mês após sua nomeação, o programa *Fantástico*, da Rede Globo, mostrou gravações de Sérgio Machado (presidente da Transpetro de 2003 a 2015, por indicação de Renan Calheiros) com o próprio Renan, Fabiano Silveira e um advogado do senador. Era 24 de fevereiro de 2016 e estavam reunidos na casa de Renan.

A certa altura, o senador disse estar preocupado com um dos inquéritos do Supremo Tribunal Federal que o investigava por receber propina em forma de doações de empresas beneficiadas por licitações na Transpetro. A denúncia foi feita nas colaborações premiadas de Paulo Roberto Costa e Alberto Youssef. O montante: R$ 400 mil. Renan referia-se a um recibo que não pode ser descoberto. "Cuidado, Fabiano. Esse negócio de recibo me preocupa pra caralho!", afirmou o presidente do Senado[5].

Silveira aconselhou Renan a não entregar sua versão dos fatos ao procurador-geral da República, pois isso daria aos procuradores condições para rebater "detalhes" dos quais estes ainda não teriam conhecimento. Em outra gravação, Machado e Calheiros comentam que Fabiano sonda integrantes da Lava Jato a respeito do andamento das investigações.

---

5 MACEDO, Fausto. Áudios revelam reunião de ministro da Transparência com Renan com críticas à Lava Jato. *O Estado de S. Paulo*, São Paulo, 29 maio 2016. Disponível em: <http://politica.estadao.com.br/blogs/fausto-macedo/audios-revelam-reuniao-de-ministro-da-transparencia-com-renan-para-discutir-e-criticar-lava-jato/>. Acesso em: 29 ago. 2017.

Suspeita-se também que Silveira foi indicado para o cargo com o intuito de firmar, com o Tribunal de Contas da União, um novo marco jurídico para regular os acordos de leniência das empresas. "A indicação de Silveira partiu do ministro do Planejamento, o senador Romero Jucá, um dos investigados na Lava Jato. Uma das razões da escolha foi ter bom trânsito no TCU. A nomeação contou com o apoio de dois ministros da corte de contas: Vital do Rêgo (ex-senador do PMDB-PB) e Bruno Dantas, que foi seu colega na Consultoria do Senado. Silveira também tem boa relação com os ministros Walton Alencar Rodrigues e Raimundo Carreiro, do TCU", escreveram os jornalistas Adriano Ceolin e Fábio Fabrini[6].

Segundo o mesmo texto, Fabiano Silveira teria como tarefa principal, nas próximas semanas, elaborar esta nova medida para regulamentar os acordos de leniência junto com o TCU. E olhem só de quem a nomeação obteve apoio: Vital do Rêgo ("com serviços prestados ao governo na CPI da Petrobras"[7]) e Bruno Dantas (que está no TCU "sob as bênçãos de José Sarney e Renan Calheiros"[8]).

Mesmo, antes da divulgação das gravações, a vida de Silveira no ministério estava complicadíssima. Era contestado por todos os chefes estaduais da CGU. Ao contrário da maioria das demais agências governamentais, as coordenadorias estaduais da CGU não são distribuídas entre partidos políticos, mas ocupadas por funcionários de carreira. Em teleconferência com

---

6 Ceolin, Adriano; Fabrini, Fábio. Por consenso, pasta elabora nova MP de leniência. *O Estado de S. Paulo*, São Paulo, 14 maio 2016. Disponível em: <politica.estadao.com.br/noticias/geral,por-consenso--pasta-elabora-npva-mp-de-leniência,10000051218>. Acesso em: 29 ago. 2017.
7 Lima, Maurício. Vital no TCU. *Veja.com*, São Paulo: Abril, 25 nov. 2014. Disponível em: <http://veja.abril.com.br/blog/radar/vital-no-tcu>. Acesso em: 29 ago. 2017.
8 Lima, Maurício. Não me esquece. *Veja.com*. São Paulo: Abril, 16 jul. 2014. Disponível em: <http://veja.abril.com.br/blog/radar/nao-me-esquece>. Acesso em: 29 ago. 2017.

os chefes estaduais, o ministro sugeriu dar a todos os chefes que recebem a gratificação DAS-2 (cerca de R$ 1.800,00) um aumento para a gratificação DAS-4 (cerca de R$ 5.000,00). Os chefes dos estados do Acre, Alagoas, Amapá, Espírito Santo, Maranhão, Mato Grosso do Sul, Paraíba, Piauí, Rio Grande do Norte, Rondônia, Roraima, Santa Catarina, Sergipe e Tocantins poderiam ter se seduzido com a oferta, mas não funcionou. Com a divulgação das gravações, Silveira foi demitido da CGU, mas Renan Calheiros continuou poderoso e ligadíssimo ao governo, até seu desembarque no início de 2017, quando a impopularidade de Temer ficou pesada demais até para um ex-collorido carregar.

Essa tentativa deslavada de controlar politicamente a CGU tem como pano de fundo o aumento da importância do órgão após a aprovação da Lei Anticorrupção (lei 12.846/2013). Em termos de competências jurisdicionais, o órgão recebeu um instrumento potencialmente poderoso, nunca antes usado no Brasil em casos de corrupção: os acordos de leniência. Mas os outros órgãos de controle, entre eles o Tribunal de Contas da União, lutaram – e ainda lutam – para abocanhar essa atribuição. No caso do TCU, esse apetite por novas competências soa um pouco estranho. O órgão pode realizar dezenas de tarefas dentro do sistema político brasileiro. Para citar um exemplo, em julho de 2017, o TCU alertou os Ministérios da Fazenda e do Planejamento a respeito da arrecadação tributária do ano. Segundo o ministro Vital do Rêgo, quase 70% das receitas esperadas só deverão ser arrecadadas nos dois últimos meses do ano, tornando arriscado o planejamento orçamentário dos ministérios[9].

---

9 FERNANDES, Adriana. TCU alerta Fazenda sobre risco do não cumprimento da meta fiscal de 2017. *O Estado de S. Paulo*, São Paulo, 12 jul. 2017. Disponível em: <//http://economia.estadao.com.br/noticias/geral,tcu-alerta-fazenda-sobre-risco-do-nao-cumprimento-da-meta,70001887770>. Acesso em: 29 ago. 2017.

A lista completa de atribuições constitucionais do TCU é: a) Julgar as contas dos administradores e demais responsáveis por dinheiros, bens e valores públicos; b) Fiscalizar as contas nacionais das empresas supranacionais; c) Fiscalizar a aplicação de recursos da União repassados a Estados, ao Distrito Federal ou a Municípios; d) Aplicar sanções e determinar a correção de ilegalidades e irregularidades em atos e contratos; e) Apurar denúncias apresentadas por qualquer cidadão, partido político, associação ou sindicato sobre irregularidades ou ilegalidades. Além disso, o TCU tem três atribuições dadas por outras leis. São elas: a) Apreciar representações apresentadas por licitante, contratado ou pessoa física ou jurídica acerca de irregularidades na aplicação da Lei de Licitações e Contratos (tarefa prevista na lei 8.666/1993); b) Processar e julgar infrações administrativas contra leis de finanças públicas (tarefa prevista na lei 10.028/2000); c) Fiscalizar a aplicação dos recursos repassados aos Comitês Olímpico e Paralímpico brasileiros (lei 10.264/2001).

Realizar todas essas tarefas não é uma boa opção para os peritos. Afinal, se toda organização burocrática deseja ter boa reputação, o mais aconselhável a fazer é se especializar em três ou quatro tarefas que farão melhor do que outros. Dois conjuntos de tarefas se destacam entre as listadas. A primeira é a fiscalização e o "julgamento"[10] das contas públicas, especialmente as da administração pública federal. A segunda é a punição administrativa de empresas e funcionários públicos que cometem certas ilegalidades. O TCU pode, por exemplo, impedir uma empresa de ser contratada pelo

---

10 As aspas se referem ao fato de que o Tribunal de Contas da União não é um órgão judicial, mas sim de assessoramento do Congresso Nacional. Em outras palavras, o TCU pode apenas recomendar aos parlamentares que rejeitem as contas de certo governante.

setor público e impedir um indivíduo de exercer cargo de confiança no governo, caso ele tenha cometido certos tipos de irregularidades.

Assim como a Controladoria-Geral da União, o trabalho do TCU é tipicamente de auditoria. Ou seja, concentra-se mais na prevenção de atos corruptos do que na sua efetiva punição, embora tenha mais mecanismos de responsabilização de corruptos do que a CGU. De acordo com dois gestores federais, "muitas vezes os funcionários do TCU nos ajudam a redigir contratos. Fazem análise antes de dar qualquer problema. Temos um relacionamento construtivo com os órgãos de controle. Mas às vezes eles esperam a Dinamarca e encontram o Brasil. Alguns têm uma concepção irreal da máquina pública e não entendem as limitações com as quais nos deparamos todos os dias"[11]. Esse contato com gestores dá aos funcionários do TCU certa vantagem sobre órgãos como o Ministério Público Federal e a Polícia Federal. "Os Tribunais de Contas estão preocupados com a boa utilização dos recursos públicos. Os peritos e delegados da Polícia Federal estão preocupados com números na medida em que eles são importantes para provar que um crime foi cometido, mas não com a prevenção de futuras irregularidades nem com o ressarcimento dos valores desviados para o governo."[12]

Ainda assim, a cooperação entre Tribunais de Contas e o Ministério Público ocorre regularmente, com auditores informando procuradores e promotores a respeito de suspeitas de crimes. Na última década, o TCU deu forte ênfase às fiscalizações de obras. São sete secretarias de infraestrutura e cerca

---

11 Dois Funcionários da Agência Espacial Brasileira. 18 ago. 2016.
12 Dois Funcionários do Tribunal de Contas da União. 18 out. 2016.

de trezentos auditores especializados em engenharia de obras. A ênfase nessa área se deu especialmente após a criação do Plano de Aceleração do Crescimento (PAC)[13].

Ainda que tenha um corpo técnico excelente, repleto de funcionários concursados que trabalhavam em outras áreas do serviço público e se atraíram pelos altos salários do TCU, uma coisa atrapalha a reputação do órgão: o colegiado que toma as decisões finais sobre as recomendações dos técnicos. Há nove ministros nesse colegiado: três são indicados pelo presidente da República, com autorização dos senadores, e seis são nomeados diretamente pelo Congresso Nacional.

A suspeita de que ministros dos Tribunais de Contas (não só da União, mas também dos Estados) se envolvem em irregularidades é antiga. Em 1988, a *Folha de S.Paulo* publicou uma lista com centenas de projetos orçamentários com "padrinhos" e "beneficiados" organizada, extraoficialmente, por Aníbal Teixeira, ministro do Planejamento do governo José Sarney (PMDB)[14]. De acordo com o jornalista responsável pela divulgação dos dados, "o processo de liberação do dinheiro era extremamente flexível. Não requeria apresentação de projeto. O intermediário pede, o ministro aceita, faz uma exposição de motivos, o presidente assina, e pronto"[15]. Dois ministros do TCU à época, Adhemar Ghisi e Luciano Brandão Alves de Souza, estavam na lista como "padrinhos" de projetos.

Mas nada ilustra melhor a promiscuidade entre conselheiros de Tribunais de Contas e governantes do que os esquemas do

---

13 Funcionária do Tribunal de Contas da União. 15 set. 2016.
14 Dimenstein, Gilberto. Seplan privilegia cincoanistas na distribuição das verbas. *Folha de S.Paulo*, 3 fev. 1988. Disponível em: <http://acervo.folha.uol.com.br/fsp/1988/02/03/2>. Acesso em: 18 ago. 2017.
15 Dimenstein, Gilberto. *A república dos padrinhos*. São Paulo: Brasiliense, 1988, p. 69.

ex-governador carioca Sérgio Cabral com o Tribunal de Contas do estado do Rio de Janeiro (TCE-RJ).

Cinco conselheiros do TCE-RJ cobravam propina de 1% do valor dos contratos de obras no estado para não incomodar as empreiteiras contratadas pelo governo Cabral. Além disso, faziam vista grossa para o descalabro nas contas públicas promovido pelo governador do PMDB. As informações foram dadas em colaboração premiada de Jonas Lopes de Carvalho Junior, ex-presidente do TCE-RJ. Jonas havia sido citado por executivos da Andrade Gutierrez e Odebrecht. Esperto, resolveu colaborar com a Justiça. Por causa de suas denúncias, os cinco conselheiros implicados foram presos.

O caso revela duas faces da política estadual: o poder excessivo dado ao governador, chefe do Executivo, e a aguda interferência política e a incapacidade dos órgãos de controle como os Tribunais de Contas. O cientista político Fernando Abrucio cunhou o termo "ultrapresidencialismo estadual" para caracterizar os sistemas políticos subnacionais[16]. No nível federal, temos coalizões formadas por partidos agraciados com ministérios, cargos de confiança e emendas orçamentárias. Em troca, apoiariam as propostas legislativas do presidente. A incerteza nesse jogo é enorme. Defecções dentro da base aliada são comuns. O governo FHC, mais homogêneo ideologicamente do que os posteriores, foi exceção, não regra. Normalmente exige uma interação tinhosa, negociada e renegociada, em que o presidente frequentemente faz mais concessões (nos textos da lei e nos cargos distribuídos) do que gostaria.

---

16 ABRUCIO, Fernando. O ultrapresidencialismo estadual. In: ANDRADE, Regis de Castro. *Processo de governo no município e no estado*. São Paulo: Edusp, 1998, p. 87-116.

Governadores não sofrem do mesmo problema. Seu sucesso legislativo é maior do que de presidentes e vem mais fácil, com custos menores de gerência da coalizão. O único estudo sistemático que compara o poder, de fato, de governadores e presidentes mostra o seguinte quadro: 87,6% dos projetos enviados pelos governadores (entre 1999 e 2006) são transformados em lei, contra 75,1% dos enviados pelos presidentes (entre 1988 e 2007). Os deputados estaduais também conseguem transformar suas propostas em leis, mas em proporção bem menor: 43,3% de seus projetos são aprovados no parlamento e sancionados pelo governador[17].

Mais do que presidentes, portanto, governadores são o centro do processo político nos estados que "presidem". Não é à toa que cinco governadores e seis ex-governadores foram investigados, conduzidos coercitivamente ou presos em 2016. É muito poder para uma pessoa só. Contra isso, conselheiros de Tribunais de Contas dificilmente serão persuadidos ou pressionados a identificar decisões criminosas dos governadores e seus subordinados.

O trabalho dos Tribunais de Contas também é dificultado porque não contam com mecanismos para comunicar as consequências de suas ações contra corrupção. Prevenir é menos midiático do que prender. Órgãos como a Polícia Federal e o Ministério Público Federal têm mais sucesso nisso. Um dos personagens mais emblemáticos da Operação Lava Jato é o agente da Polícia Federal Newton Ishii, conhecido como "Japonês da Federal". Com óculos escuros estilo *Starsky e Hutch*,

---

17 Tomio, Fabrício; Ricci, Paolo. O governo estadual na experiência política brasileira: os desempenhos legislativos das Assembleias Estaduais. *Revista de Sociologia e Política*, Curitiba: UFPR, v. 21, n. 41, 2012, p. 193-217. Disponível em: <http://revistas.ufpr.br/rsp/article/view/31786/0>. Acesso em: 29 ago. 2017.

notabilizou-se por conduzir suspeitos de crimes em operações da força-tarefa. Em julho de 2016, foi preso pelo crime de facilitação de contrabando na fronteira entre o Brasil e Paraguai. Cumpre pena em regime semiaberto e continua trabalhando na sede da Polícia Federal em Curitiba. É engraçado como Ishii personaliza duas faces de uma organização burocrática. Ao ganhar notoriedade por conduzir suspeitos, mostra que a Polícia Federal é uma agência governamental com boa reputação, reconhecida pelos cidadãos. Ao ser punido por seu crime, Ishii demonstra que a Polícia Federal tem controle suficiente sobre o trabalho de seus agentes para descobrir crimes e punir ao menos parte de seus funcionários transgressores.

Nem sempre foi assim. Antes da entrada de Lula na presidência, e a indicação do advogado criminalista Márcio Thomaz Bastos como ministro da Justiça, a Polícia Federal tinha menos autonomia e prestígio. Isso era péssimo para o combate à corrupção no país. Afinal, cabe aos policiais federais, sob autorização judicial, obter provas mais claras, contundentes, que revelam crimes de corrupção. Os órgãos de controle que fazem auditorias se baseiam em provas documentais, que são indiretas e requerem raciocínio lógico para comporem o quadro de um crime de corrupção. As provas mais contundentes estão protegidas por sigilo bancário, fiscal e telefônico. Assim, o trabalho da Polícia Federal depende de três aspectos inter-relacionados: boa relação com o Judiciário e o Ministério Público Federal, autonomia com relação a políticos e empresários e condições institucionais e orçamentárias para realizar seu trabalho.

Vale destacar as palavras de um dos jornalistas mais experientes na cobertura de crimes políticos no Brasil para observar como a integração entre policiais e juízes foi – e ainda está sendo – crucial para investigações como a da Lava Jato. "No início dos anos 2000, a Justiça Federal adotou uma nova abordagem sobre os crimes de lavagem de dinheiro e contra o sistema financeiro nacional, com a criação de varas especializadas nesses temas. Os postos estratégicos passaram a ser ocupados por juízes que, num movimento silencioso, estudaram e se atualizaram sobre os intricados crimes financeiros. A primeira vara especializada surgiu no Brasil em 2003. Seis anos depois, 24 já estavam em atividade. O resultado, na prática, foi o surgimento de pequenas 'células' de combate ao crime, nas quais delegados, procuradores e juízes podiam definir mais rapidamente e com maior conhecimento técnico que medidas precisavam tomar em relação a determinado grupo criminoso. No andamento de uma investigação, a polícia precisa prestar contas de suas atividades ao juiz e ao procurador, por meio de relatórios parciais. Com base neles é que o procurador pede ou não, e o juiz decide se deve ou não, por exemplo, estender determinadas ações sobre um investigado. Essa afinidade entre os principais responsáveis pelo caso deu velocidade aos processos, garantia de melhores provas e rápido cumprimento das ordens judiciais."[18]

Isso não funcionaria sem que a Polícia Federal tivesse ganhado capacidade organizacional durante os anos 2000. Para se ter uma ideia, em 2001 e 2004 houve autorização para 1.102 vagas de delegado da Polícia Federal, e quase metade delas foi preenchida[19]. Entre 2003 e 2008, a organização realizou 600 operações e fez 9.225 prisões preventivas (14,5% de agentes públicos, 67,7% de agentes privados). 22,7% das 600 operações

---
18 VALENTE, Rubens. *Operação banqueiro*. São Paulo: Geração Editorial, 2014, p. 8-9.
19 ARANTES, Rogério. Polícia Federal e construção institucional. In: AVRITZER, Leonardo; FILGUEIRAS, Fernando (Orgs). *Corrupção e sistema político no Brasil*. Rio de Janeiro: Civilização Brasileira, 2011, p. 114-115.

eram sobre esquemas de corrupção política[20]. "O salário dos agentes e delegados mais que dobrou, tornando as carreiras na PF das mais atrativas do serviço público. Um delegado de classe especial, que recebia R$ 9.281,73 mensais em dezembro de 2002, passou a receber R$ 19.699,00 em dezembro de 2009"[21], segundo Rubens Valente.

O caminho da Polícia Federal para obter a autonomia política de que goza hoje foi mais tortuoso. Voltemos a 1999 quando Fernando Henrique Cardoso era presidente, e Renan Calheiros (PMDB), ministro da Justiça. Em 25 de junho daquele ano, Renan ligou para FHC e relatou que "a posse foi muito prestigiada. Acho que agora está tudo superado e a crise é coisa do passado"[22]. O político peemedebista referia-se ao início do trabalho de Agílio Moreira Filho como diretor da Polícia Federal, subordinada a seu ministério. Dois meses antes, os partidos da coalizão liderada pelo presidente tucano mostravam-se aflitos com a demissão de Vicente Chelotti do cargo. Chelotti comandava a PF desde 1995 e caiu por ficar conhecido como "grampeador"[23] – um péssimo apelido para qualquer um que ocupa cargo de comando de uma organização que deveria garantir investigações isentas (ou seja, de acordo com normas de "universalismo ético"[24]). Chelotti envolveu-se

---

20 ARANTES, Rogério B.; LOUREIRO, Maria R.; COUTO, Cláudio; TEIXEIRA, Marco Antonio C. Controles democráticos sobre a administração pública no Brasil: Legislativo, tribunais de contas, Judiciário e Ministério Público. In: LOUREIRO, Maria R.; ABRUCIO, Fernando; PACHECO, Regina S. (Org.) *Burocracia e política no Brasil: desafios para o estado democrático no século XXI*. Rio de Janeiro: FGV, 2010, p. 109-147.
21 VALENTE, Rubens. *Operação banqueiro*. São Paulo: Geração Editorial, 2014, p. 7-8.
22 CAMAROTTI, Gerson; LUIZ, Edson; MARQUES, Hugo. Posse na PF ensaia pacificação no Planalto. *O Estado de S. Paulo*, 25 jun. 1999.
23 CHELOTTI, O "GRAMPEADOR", ASSUME VAGA DE DEPUTADO. *Congresso em Foco*. Brasília: Congresso em Foco, 7 mar. 2006. Disponível em: <http://congressoemfoco.uol.com.br/noticias/chelotti-o-grampeador-assume-vaga-de-deputado/>. Acesso em: 29 ago. 2017.
24 MUNGIU-PIPPIDI, Alina. *The Quest for Good Governance:* How Societies Develop Control of Corruption. New York: Cambridge University Press, 2015.

em várias tramoias documentadas na imprensa da época. Em uma delas, Xico Graziano, presidente do Incra durante parte do governo FHC, confessou que recebeu de Chelotti gravações de grampos feitos no telefone de um desafeto político – obviamente não autorizadas pela Justiça. O diretor da Polícia Federal caiu quando a *Folha de S.Paulo* divulgou um áudio no qual Chelotti se dizia "colado à cadeira" de diretor do órgão por ter FHC "nas mãos"[25].

Agílio Moreira Filho, seu substituto, permaneceu até 2002 no cargo, quando se aposentou para se candidatar a deputado federal pelo PSDB de Minas Gerais. Sua aproximação ao partido ocorreu durante o governo de Eduardo Azeredo, posteriormente implicado como precursor do "Mensalão" petista. Chelotti também seguiu carreira política, pelo PMDB. Em 2017, a atuação flagrantemente partidária de um diretor da Polícia Federal seria impensável. Burocratas com ambições eleitorais são seres perigosos. Conhecem bem a estrutura organizacional do governo e sabem quais são os mecanismos para alavancar carreiras políticas. Um dos maiores ganhos dos últimos vinte anos foi tornar muito mais difícil o uso eleitoral dessa organização.

Mas isso não significa que pessoas poderosas não têm influência na Polícia Federal. Durante o governo Lula, o empresário Eike Batista não tinha apenas contatos políticos para obter bons empréstimos do BNDES. Também se aproveitou deles para não ser investigado por atos suspeitos. Sua história com a polícia começou em 2004, quando delegados investigaram um esquema de propina no governo do Amapá. Policiais

---

[25] Costa, Raymundo; Gondim, Abnor. Chelotti é exonerado da Polícia Federal. *Folha de S.Paulo*, São Paulo, 5 mar. 1999. Disponível em: <http://www1.folha.uol.com.br/fsp/brasil/fc05039920.htm>. Acesso em: 29 ago. 2017.

grampearam o telefone de um funcionário corrupto da Receita Federal, conhecido como lobista do governador. Perceberam que um de seus interlocutores frequentes era Flávio Godinho, um dos principais funcionários da MMX, empresa de mineração de Eike. Os policiais anotaram o fato no relatório final daquela operação. Mas isso foi ignorado até 2007, quando um novo superintendente da Polícia Federal no Amapá desenterrou o caso.

À época, a MMX era dona de uma mina de ferro na região da Serra do Navio. Havia forte interesse da empresa na licitação da concessão da estrada de ferro do Amapá, que levaria minério do interior do estado para o Porto de Santana. De acordo com a investigação da Polícia Federal, a empresa de Eike fraudou a licitação em 2006, na qual saiu vencedora, recebendo a concessão da ferrovia por vinte anos[26]. Naquele ano, Eike foi o maior doador individual da campanha do então governador Waldez Góes (PDT), preso em 2010 por desviar verbas de educação.

Investigar a MMX não foi fácil. Os policiais que retomaram a investigação iniciada em 2004 tiveram imensa dificuldade para convencer Romero Menezes, diretor-executivo do órgão, a realizar a operação. Menezes acabou sendo preso por favorecer seu irmão nas investigações, cuja empresa de vigilância prestou serviços a Eike Batista. Ou seja: Eike contratou a empresa do irmão do número dois da Polícia Federal, e ambos foram presos.

Depois desse percalço, Eike comprou a *expertise* de Márcio Thomaz Bastos por R$ 15 milhões. Apresentou-o a

---

[26] GASPAR, Malu. *Tudo ou nada: Eike Batista e a verdadeira história do Grupo X*. Rio de Janeiro: Record, 2014.

seus investidores, obviamente preocupados com a investigação, como "o homem que implementou a Policia Federal como é hoje". Um modo pouco sutil de dizer: fiquem tranquilos, contratei influência no órgão que me investiga.

Eike conseguiu, também, que o presidente Lula, o ministro da Justiça Tarso Genro, o ministro da Defesa Nelson Jobim, e um dos integrantes do Supremo Tribunal Federal, Gilmar Mendes, criticassem publicamente os "excessos" da Polícia Federal. Isso apesar de um laudo dos policiais confirmar que o edital da licitação da Estrada de Ferro do Amapá foi escrito em um computador do grupo empresarial de Eike. As fortes evidências de crime contra a Lei de Licitações não resultaram na prisão de ninguém ligado ao empresário, exceto o irmão do policial federal citado. É possível que o elemento ausente tenha sido o Ministério Público, mas é improvável que tal tenha ocorrido por conta de interferência política. Os funcionários do MP têm autonomia garantida constitucionalmente.

Não há, no mundo, Ministério Público tão poderoso quanto o brasileiro. É, de fato, o quarto poder do país. No nível federal, a única oportunidade institucional que os políticos têm para influenciar o trabalho dos procuradores é a nomeação do procurador-geral da República. Desde 2001, convencionou-se que o presidente escolheria indicar para esse cargo o indivíduo mais votado de uma lista com três nomes eleitos pela Associação Nacional dos Procuradores da República. À exceção de Fernando Henrique Cardoso em 2001 e de Michel Temer em 2017, essa convenção foi seguida. Uma vez feita a indicação presidencial, o candidato a PGR é submetido a uma sabatina com os senadores membros da Comissão de

Constituição e Justiça (CCJ) do Senado Federal. A indicação é então votada na CCJ e no plenário do Senado. A chance de ter o nome rejeitado pelos parlamentares é minúscula, porque o Ministério Público venceu a batalha da opinião pública contra os políticos. E também contra os outros órgãos de combate à corrupção.

A Operação Lava Jato foi o *tipping point* para isso. Apesar de ser uma iniciativa de várias instituições, o Ministério Público conseguiu tomar a frente. Um dos fatores cruciais para isso é o fato de que os procuradores da força-tarefa não têm medo algum de serem demitidos. Quem pode fazê-lo é o Conselho Nacional do Ministério Público, que só toma providências quando um procurador faz algo extremamente grave. Os procuradores têm total autonomia para expressar opiniões sobre o sistema político brasileiro e sobre seu próprio trabalho no Facebook (assinando como "cidadãos"). Naturalmente, com zero autocrítica. Esse é um dos lados negativos de tanta autonomia para o órgão.

Quanto mais autônomo o Ministério Público de um país, menos corrupção nele haverá. Essa hipótese intuitiva foi provada em diversos estudos[27]. Mas no debate político recente no Brasil o caso da Operação Mãos Limpas, na Itália, tem sido lembrado como um exemplo contrário. Dizem que a Operação Mãos Limpas de nada adiantou porque Silvio Berlusconi foi

---

[27] Dois exemplos são VAN AAKEN, Anne; FELD, Lars & VOIGT, Stefan. Do Independent Prosecutors Deter Political Corruption? An Empirical Evaluation Across Seventy-Eight Countries. *American Law and Economics Review*. Elsevier, v. 12, n. 1, 2010, p. 204-244. Disponível em: <https://papers.ssrn.com/sol3/papers.cfm?abstract_id=1593920>. Acesso em: 29 ago. 2017 e GORDON, Sanford. Assessing Partisan Bias in Federal Public Corruption Prosecutions. *American Political Science Review*, Cambridge University Press, v. 103, n. 4, 2009, p. 534-554. Disponível em: <https://www.cambridge.org/core/journals/american-political-science-review/article/assessing-partisan-bias-in-federal-public-corruption-prosecutions/31E984D72F0BD2180349AD10555F2BBE>. Acesso em: 29 ago. 2017.

eleito primeiro-ministro, e porque os empresários continuaram corrompendo políticos (e vice-versa). Não vale descartar essas observações com desdém. Berlusconi liderou, de fato, uma coalizão parlamentar que tomou medidas péssimas para o combate à corrupção. A mais importante delas foi diminuir o prazo para a prescrição de crimes desse tipo.

Há grande semelhança entre os procuradores italianos e os brasileiros. De acordo com o cientista político Fábio Kerche, "os promotores da Alemanha, da Espanha, da Itália e da Holanda, embora façam legalmente parte do Poder Judiciário, na prática, somente o *Pubblico Ministero* italiano é efetivamente ligado a esse Poder, sendo que nos outros países a ligação é formal, como era o caso do Ministério Público brasileiro até a Constituição de 1967. A Itália possui uma estrutura bastante diferenciada quando comparada a outros países. Os promotores e os juízes, além de fazerem parte do mesmo Poder de Estado (frequentando a mesma escola no início da carreira), exercem funções cambiáveis, sendo ambas consideradas funções da magistratura. Quando o integrante do Judiciário exerce o papel de juiz, ele é considerado um 'magistrado judicante'; quando exerce o papel de promotor, 'magistrado requerente'"[28].

O juiz Antonio Di Pietro tentou ser uma espécie de híbrido Rodrigo Janot-Sérgio Moro ao interrogar, em dezembro de 1993, Bettino Craxi, primeiro-ministro de 1983 a 1987 e líder do Partido Socialista Italiano. Em maio daquele ano, o parlamento italiano havia votado para autorizar investigações contra o político. (Na Itália, é o parlamento que faz isso, não o Judiciário.) "Eu estava ciente da natureza irregular do financiamento dos

---

[28] KERCHE, Fábio. *Virtudes e limites:* autonomia e atribuições do Ministério Público no Brasil. São Paulo: Edusp, 2009.

partidos políticos e do meu partido. Comecei a entender isso quando ainda usava calças curtas", disse Craxi. Tirou do bolso um bilhete no qual um comparsa havia anotado somas destinadas ilegalmente a um partido político. Craxi partiu para o ataque. Não negou seu comportamento criminoso, mas confrontou Di Pietro diretamente sobre por que (do seu ponto de vista, é claro) o Partido Comunista estava sendo poupado pelos juízes e investigadores. Di Pietro assegurou a jornalistas, tempos depois, que sua intenção era deixar Craxi morrer pela boca, mas foi criticado pelos colegas por deixar o político falar demais[29].

Assim como os procuradores brasileiros propuseram as "Dez medidas contra a corrupção", Di Pietro liderou, no fim de 1994, três iniciativas legislativas para combater atos corruptos na Itália[30]. Tratava-se de aumentar a penalidade para os envolvidos, estabelecer novas regras para o confisco de dinheiro sujo e garantir a impunidade para corruptos que revelem seus crimes em até três meses após eles ocorrerem. Nada disso foi adiante. Isso mostra que mesmo um Ministério Público autônomo está longe de dominar completamente o sistema político. Ainda bem!

Autonomia não significa, é claro, que os procuradores estão imunes da pressão de corruptos. O jornalista Vladimir Netto conta uma história didática sobre as tentações que circundam um chefe do Ministério Público Federal[31]. Em 2014, pouco meses

---

29 O episódio é narrado em um livro com viés contra a *Mani Pulite*. Ver BURMETT, Stanton & MANTOVANI, Luca. *The Italian Guillotine:* Operation Clean Hands and the Overthrow of Italy`s First Republic. New York: Rowman and Littlefield, 1998.
30 DELLA PORTA, Donatella; VANNUCCI, Alberto. Corruption and anti-corruption: the political defeat of "Clean Hands" in Italy, *West European Politics*. v. 30, n. 4, 2007, p. 830-853. Disponível em: <http://www.tandfonline.com/doi/citedby/10.1080/01402380701500322>. Acesso em: 29 ago. 2017.
31 NETTO, Vladimir. *Lava Jato:* o juiz Sérgio Moro e os bastidores da operação que abalou o Brasil. Rio de Janeiro: Primeira Pessoa, 2016, p. 114-116.

antes de morrer, Márcio Thomaz Bastos (sempre ele!) foi ao gabinete de Rodrigo Janot. Sugeriu que Janot tomasse decisões mais individuais e delegasse menos poder para sua equipe. Márcio Thomaz Bastos havia tentado "estabelecer um diálogo" com Janot, mas isso não foi adiante. Alguns meses depois, a Polícia Federal encontrou, na casa do empresário Ricardo Pessoa (UTC), um papel escrito "1 bi. Confissão cartel". Bastos deixou discípulos como Alberto Toron, advogado que comentou à *Folha de S.Paulo*[32], em outubro daquele ano, que os procuradores da Lava Jato "estão tratando isso como um caso meramente policial e não estão percebendo a dimensão econômica". Toron defendeu que os empresários sofressem penas econômicas. "Quem fala em multa de 1 bilhão de reais está falando em algo muito sério e que dói no bolso de quem eventualmente se locupletou." (Outro cliente de Toron anotava coisas mais constrangedoras[33].)

A frustração de não poder negociar com procuradores foi revelada por Lula em telefonema com o senador Lindbergh Farias. Disse o ex-presidente: "Sabe o que acontece? O problema é que nós temos que fazer nos respeitar! Um delegado não pode desrespeitar um político, um senador ou um deputado! Sabe? Não tem sentido! Um cara do Ministério Público tem que respeitar! Todo mundo quer autonomia... Quem está precisando de autonomia nesse país é a Dilma! Tem o Tribunal de Contas em cima dela, tem o Ministério Público em cima dela, tem a Polícia Federal em cima dela... Sabe? Todo mundo em cima da coitada! Autonomia, autonomia... Vai tomar

---

32 CARVALHO, Mario Cesar. Nas provas, Lava Jato se parece com Guantánamo, diz advogado. *Folha de S.Paulo*, São Paulo, 24 nov. 2014. Disponível em: <http://www1.folha.uol.com.br/poder/2014/11/1552215-nas-provas-lava-jato-se-parece-com-guantanamo-diz-advogado.shtml>. Acesso em: 04 set. 2017.

33 PF ENCONTRA RECIBOS COM INSCRIÇÃO 'CX 2' NO APARTAMENTO DE AÉCIO. *Veja.com*. São Paulo: Abril, 27 maio 2017. Disponível em: <http://veja.abril.com.br/brasil/pf-encontra-recibos-com-inscricao-cx-2-no-apartamento-de-aecio/>. Acesso em: 29 ago. 2017.

no cu! Porra! Ela não tem autonomia nenhuma"[34]. Dos três órgãos de controle citados por Lula, um é dominado por um colegiado indicado politicamente (Tribunais de Contas), e o outro é subordinado ao Ministério da Justiça e à Presidência da República (Polícia Federal). Ao contrário da Itália, os procuradores brasileiros não precisam de autorização parlamentar para denunciar políticos eleitos. O foro privilegiado garante, no Brasil, que parlamentares, ministros e outros políticos tenham direito a serem julgados pelo Superior Tribunal de Justiça ou pelo Supremo Tribunal Federal. Assim escapam de juízes de primeira instância, como Sérgio Moro.

Há outra dimensão que pode ser considerada para avaliar a autonomia de um órgão burocrático. Quanto mais o tipo de trabalho estiver protegido de mudanças efetuadas por parlamentares e outros políticos, mais autônomo será o órgão[35]. Nesse quesito, o Ministério Público Federal não tem concorrente no Brasil. Em 1988, os parlamentares da Assembleia Nacional Constituinte deram ao Ministério Público competências amplas. Mantiveram a Ação Civil Pública, estabelecida pela lei 7.437/1985, como principal instrumento dos promotores estaduais e procuradores federais. O Ministério Público ganhou uma competência importante – o instrumento do inquérito civil, sem a necessidade de pedir à polícia permissão para usá-lo – e livrou-se de outra tarefa jurisdicional que atrapalharia seu trabalho. Nas palavras de Fábio Kerche, "até 1988, os procuradores federais também detinham o papel de

---

[34] MINISTÉRIO DA JUSTIÇA. Departamento de Polícia Federal. Auto de Interceptação Telefônica 58/2016. 15 mar. 2016, p. 35. Disponível em: <http://politica.estadao.com.br/blogs/fausto-macedo/wp-content/uploads/sites/41/2016/03/120_AUTO4.pdf>. Acesso em: 04 set. 2017.

[35] SELIN, Jennifer. What Makes an Agency Independent?. *American Journal of Political Science*, Wiley, v. 59, n. 4, 2015, p. 971-987. Disponível em: <http://onlinelibrary.wiley.com/doi/10.1111/ajps.12161/abstract>. Acesso em: 29 ago. 2017.

representar judicialmente a União em processos, papel que o Ministério Público Federal tentou manter na Constituição de 1988 – demonstrando que burocracias, em geral, não desejam perder poder. Mas tanto a Associação Nacional dos Membros do Ministério Público quanto os parlamentares constituintes posicionaram-se contrariamente, pois, segundo argumentos levantados nos debates, esse papel seria contraditório em relação às novas atribuições da organização"[36].

A intenção dos constituintes não era criar um órgão de controle contra atos corruptos. O Ministério Público passaria a ser autônomo, não subordinado ao Poder Executivo, e responsável pela defesa de interesses sociais difusos e coletivos. Certamente combater desvios de políticos eleitos fazia parte do espírito da instituição, mas a letra da lei não fornecia os instrumentos para isso. A ação civil pública não era suficiente. "A grande novidade da Lei da Ação Civil Pública reside na legitimação processual de agentes públicos e sociais para defenderem na Justiça direitos que anteriormente só podiam ser reparados pela iniciativa individual das pessoas lesadas." [37] Um cidadão que se sentisse enganado ou de algum modo lesado por um político não tinha a opção legal – muito menos prática – para processar seu representante.

Quatro anos após a Constituição de 1988, o Ministério Público ganhou um instrumento que parecia bastante poderoso: a Lei de Improbidade Administrativa (lei 8.429/1992).

---

[36] KERCHE, Fábio. *Virtudes e limites:* autonomia e atribuições do Ministério Público no Brasil. São Paulo: Edusp, 2009, p. 39.

[37] ARANTES, Rogério; LOUREIRO, Maria Rita; COUTO, Cláudio; TEIXEIRA, Marco Antonio Carvalho. Controles democráticos sobre a administração pública no Brasil: Legislativo, Tribunais de Contas, Judiciário e Ministério Público, p. 138-139. In: LOUREIRO, Maria Rita; ABRUCIO, Fernando; PACHECO, Regina (Org.) *Burocracia e política no Brasil:* desafios para o estado democrático no século XXI. Rio de Janeiro: FGV, 2010, p. 109-147.

Digamos que um prefeito se esqueça de publicar um edital de licitação no site da prefeitura. Não necessariamente isso é sinal de crime. É possível que tenha havido um problema de ordem técnica. Pode também ser, é claro, uma tentativa de ocultar algo que deveria ser público – e, por isso, um ato de improbidade. Com a Lei de Improbidade Administrativa, qualquer membro do Ministério Público pode processar um político durante o exercício do mandato por corrupção na esfera civil. Caso seja condenado, o político perde o cargo, fica inelegível por no mínimo oito anos e é obrigado a ressarcir o dinheiro que a administração pública perdeu com seu ato. No exemplo citado, o prefeito teria violado os princípios de transparência e publicidade da administração pública. Dentro da Lei de Improbidade Administrativa, é possível também processar um agente público por enriquecimento ilícito, pois seu patrimônio seria incompatível com o salário de seu cargo. O pulo do gato foi combinar a ação civil pública com a Lei de Improbidade Administrativa. Isso deu aos promotores e procuradores força e legitimidade para processar políticos poderosos, principalmente no nível municipal e estadual.

  O Judiciário e a legislação não acompanharam, nos anos 1990, o apetite dos promotores e procuradores. Políticos acusados de improbidade administrativa contavam com recursos jurídicos que, exagerando um pouco, tendem ao infinito, e também com a lentidão administrativa do Judiciário. Além disso, falta dentição criminal aos processos de improbidade administrativa. Como bem lembra o cientista político Rogério Arantes, "por tratar-se de processo cível, acusados de improbidade administrativa não podem ser presos preventivamente nem as sentenças judiciais finais implicam perda da liberdade. Também a polícia e o Judiciário não se envolvem na etapa inicial de investigação, restrita ao promotor ou procurador de justiça, pois estão em jogo apenas os aspectos cíveis, e não criminais da improbidade cometida"[38].

Dois acontecimentos importantes decorreram disso. O primeiro é que em meados dos anos 2000, o Ministério Público Federal mudou de estratégia. Passou a buscar cooperação com a Polícia Federal e o Judiciário. Afinal, ganhos reputacionais só viriam, de fato, com políticos condenados, de preferência cumprindo penas na cadeia, e empresários também na cadeia e/ou pagando multas milionárias por seus crimes. Para que isso ocorresse, o Ministério Público abdicou, na prática, de uma de suas tarefas constitucionais: o controle externo da atividade policial. De acordo com pesquisas realizadas em junho de 2016, essa tarefa constava de apenas doze dos 27 sites dos Ministérios Públicos Estaduais. E era citada por 12% dos promotores e procuradores como algo prioritário, contra 62% que consideravam o combate à corrupção uma das competências mais importantes do Ministério Público[39].

Outro aspecto importante era estabelecer firmes canais de comunicação com os outros órgãos de controle. O principal catalisador foi a Estratégia Nacional de Combate à Corrupção e à Lavagem de Ativos (ENCCLA). De acordo com dois especialistas, "mesmo sem ter sido formalizada em lei, a ENCCLA constitui o mais importante fórum interinstitucional de discussão sobre corrupção ao articular dezenas de instituições das esferas federal e estadual dos três Poderes, além de alguns atores

---

[38] ARANTES, Rogério. Polícia Federal e construção institucional. In: AVRITZER, Leonardo; FILGUEIRAS, Fernando (Org). *Corrupção e sistema político no Brasil*. Rio de Janeiro: Civilização Brasileira, 2011, p. 122.
[39] Esses dados estão em LEMGRUBER, Julita; RIBEIRO, Ludmila; MUSUMECI, Leonarda; DUARTE, Thais. *Ministério Público:* guardião da democracia brasileira?. Rio de Janeiro: CESEC/Universidade Candido Mendes, 2016.

privados do setor bancário, envolvidas direta ou indiretamente no controle da corrupção e da lavagem de dinheiro"[40].

Para se ter uma ideia da importância desse diálogo entre os órgãos de controle, pode-se creditar o início da Operação Lava Jato a uma conversa do juiz Sérgio Moro com Rosalvo Franco, superintendente da Polícia Federal no Paraná, no início de 2013. "Faz tempo que a gente não tem uma operação financeira aqui no estado", disse o juiz. "Vou dizer uma coisa para o senhor. Não vou inventar a roda. Vou trazer para a delegacia as pessoas que já trabalharam no setor", respondeu o delegado[41]. Pouco mais de um ano depois, o doleiro Alberto Youssef estava preso.

Em seu relatório de 2011, a ENCCLA estabeleceu dezessete ações prioritárias. A nona teria repercussões cruciais para a Lava Jato. Era "atuar junto ao Congresso Nacional para aprovação dos seguintes Projetos de Lei: PL 3443/2008 (nova lei de combate à lavagem de dinheiro) e PL 6578/2009 (organização criminosa)". Esta última, aprovada dois anos depois, é a que permite ao Ministério Público e a outros órgãos de controle, na prática, responsabilizar corruptos e corruptores por atos criminais. Seu mecanismo conhecido de modo mais amplo é a formalização da colaboração premiada como meio de obtenção de prova, "além de permitir a quebra de sigilo telefônico e estimular a cooperação entre instituições de controle na busca de provas e informações de interesse da investigação criminal"[42].

---

40 MACHADO, Maíra; PASCHOAL, Bruno. Monitorar, investigar, responsabilizar e sancionar: a multiplicidade institucional em casos de corrupção. *Novos Estudos:* Cebrap, n. 104, 2016, p. 11-36.
41 NETTO, Vladimir. *Lava Jato:* o juiz Sergio Moro e os bastidores da operação que abalou o Brasil. Rio de Janeiro: Primeira Pessoa, 2016, p. 31.
42 MACHADO, Maíra; PASCHOAL, Bruno. Monitorar, investigar, responsabilizar e sancionar: a multiplicidade institucional em casos de corrupção. *Novos Estudos:* Cebrap, n. 104, 2016, p. 19.

A Lei de Lavagem de Dinheiro (lei 12.683/2012) também é importantíssima para a Lava Jato. "Antes dessa norma, a legislação estabelecia um rol de crimes antecedentes que precisavam ser comprovados para poder processar o 'lavador' na esfera criminal, o que é muito difícil em alguns casos. Agora, o simples fato de ocultar patrimônio é definido como lavagem de dinheiro."[43]

O segundo acontecimento crucial que resultou da falta de eficácia da Lei de Improbidade Administrativa foi sua substituição por novos mecanismos de combate à corrupção. Na prática, o Ministério Público Federal abdicou dessa lei[44]. Nas palavras de um auditor federal, "a Operação Lava Jato fez denúncias baseadas na Lei 8.429/1992 em apenas quatro casos. Depois não fez mais. Por quê? Porque o artigo 17 desta lei proíbe acordos de colaboração premiada e acordos de leniência! E aí não aproveitariam as informações dos empresários e das empresas. Isso foi uma ótima sacada do Ministério Público"[45].

Com todos os elogios que podem ser feitos à atuação do Ministério Público Federal, é pertinente lembrar três pontos polêmicos. O Ministério Público é uma das instituições brasileiras menos transparentes. De acordo com pesquisa da FGV-RJ, "o grau de cumprimento do Ministério Público com a Lei de Acesso à Informação é consideravelmente baixo, apesar da existência de disparidades entre seus diferentes órgãos. Um em cada dois pedidos de acesso à informação enviados

---

43 FUNCIONÁRIO DA PETROBRAS. 29 set. 2016.
44 Sobre esse ponto, ver CARVALHO, Mario Cesar; FERREIRA, Flávio. Procuradoria deixa de lado superfaturamentos na Lava Jato., *Folha de S.Paulo*, São Paulo, 9 jul. 2017. Disponível em: <http://www1.folha.uol.com.br/poder/2017/07/1899608-procuradoria-deixa-de-lado-superfaturamentos-na-lava-jato.shtml>. Acesso em: 29 ago. 2017.
45 FUNCIONÁRIO DA CONTROLADORIA-GERAL DA UNIÃO. 15 set. 2016.

não foram respondidos, e apenas um em cada quatro pedidos é respondido com um grau mínimo de precisão"[46].

Mais preocupante do que isso é o fato de que o órgão não é obrigado a obedecer a nenhuma norma sobre quarentena quando um promotor ou procurador se desliga do cargo. Marcelo Miller, integrante da força-tarefa da Lava Jato, demitiu-se em março de 2016 e logo em seguida passou a trabalhar no escritório de advocacia Trench, Rossi e Watanabe Advogados, que participou de parte das tratativas do acordo de leniência da JBS de Joesley Batista[47]. Caso fosse funcionário de alto escalão do governo federal, Miller teria que cumprir um período de seis meses fora do serviço público antes de atuar no setor privado.

Finalmente, em março de 2016, o Ministério Público Federal apresentou um projeto de lei apelidado de "Dez medidas contra a corrupção". Embora os procuradores neguem, trata-se de um conjunto de propostas legislativas que olham a corrupção sob a óptica exclusiva do Direito Penal, especialidade do Ministério Público[48]. Não tratam atos corruptos como fenômenos multifacetados, muito menos como consequência de incentivos do sistema eleitoral e de uma estrutura governamental com permissividade para cargos de confiança – para ficar em apenas dois dos principais fatores. São, em geral, medidas que tratam da punição de corruptos e corruptores. Isso é louvável, mas é uma visão parcial vendida como solução para todos os males. Reações contrárias de outros órgãos de contro-

---

46 MONCAU, Luiz; MICHENER, Gregory; BARROS, Marina; VELASCO, Rafael. *Avaliação de transparência do Ministério Público*. Rio de Janeiro: Escola de Direito e Escola Brasileira de Administração Pública e de Empresas (FGV-RJ), 2015, p. 9.
47 FALCÃO, Márcio. Atuação de ex-procurador para JBS é apurada. *JOTA*, São Paulo, 26 jun. 2017. Disponível em: <https://jota.info/justica/atuacao-de-ex-procurador-para-jbs-e-apurada-26062017>. Acesso em: 29 ago. 2017.
48 Para uma defesa das medidas pelo seu principal idealizador, ver DALLAGNOL, Deltan. *A luta contra a corrupção*. Rio de Janeiro: Primeira Pessoa, 2017.

le foram tímidas. Em outubro de 2016, a Federação Nacional dos Policiais Federais (Fenapef) se manifestou contra o "teste de integridade", uma das dez medidas[49]. Não deu em nada. Um pequeno grupo de auditores federais, sem a intenção de representar a classe, propôs sete medidas alternativas, talvez complementares, ao projeto de lei dos procuradores[50].

Membros do Ministério Público Federal são péssimos lobistas. Pintam qualquer crítica às dez medidas como impregnadas de más intenções e, Deus nos livre, tolerância com a impunidade de corruptos. Até julho de 2017, as medidas haviam sido aprovadas, parcialmente, na Câmara dos Deputados e aguardavam a nomeação de relator na Comissão de Constituição e Justiça do Senado Federal. Para que o lobby funcione, os procuradores devem tratar suas propostas não de um ponto de vista de persuasão, mas como subsídio legislativo para parlamentares que topassem ser empreendedores das propostas[51]. Juntariam, assim, *expertise* com habilidade parlamentar. Em outras palavras, o Ministério Público Federal teria de compartilhar crédito com outros atores institucionais. Embora não seja o desejado pelos procuradores, integrantes do Judiciário são considerados essenciais para o sucesso da Lava Jato. Juízes como Sérgio Moro têm garantido sentenças à altura dos crimes cometidos por polí-

---

49 LIMA, Mauricio. Policiais Federais rejeitam o 'teste de integridade' das 10 Medidas Contra a Corrupção, 19 out. 2016. Disponível em: <http://veja.abril.com.br/blog/radar/policiais-federais-rejeitam-o-teste-de-integridade-das-10-medidas-contra-a-corrupcao/>. Acesso em: 05 set. 2017.

50 São elas: Lei de Incentivo à Governança, Lei Orgânica do Controle Interno, Fundo Nacional de Prevenção ao Desperdício e Combate à Corrupção, Lei de Auditoria Nacional, criação da Escola Nacional de Controle e do Portal Nacional de Compras Públicas. Ver SANTOS, Franklin Brasil; SOUZA, Kleberson Roberto; BAGA, Marcus Vinicius de Azevedo. Corrupção: para além das medidas. *Revista Jurídica Consulex*, Brasília: Lumen Juris Editora, n. 475, p. 31-33, nov. 2016.

51 DEARDORFF, Alan; HALL, Richard. Lobbying as Legislative Subsidy. *American Political Science Review*, Cambridge University Press, v. 100, n. 1, p. 69-84, fev. 2006. Disponível em: <https://www.cambridge.org/core/journals/american-political-science-review/article/lobbying-as-legislative-subsidy/AE4B5D8AB9C2487BB78C2A51BB53E03F>. Acesso em: 31 ago. 2017.

ticos e empresários criminosos. É claro que o papel de juízes de primeira instância é importantíssimo, mas o Supremo Tribunal Federal também é central para a Lava Jato. Duas perguntas são interessantes para pensar o papel do Judiciário na operação. A primeira é: o processo de escolha dos ministros do Supremo Tribunal Federal torna esse órgão colegiado mais político e/ou partidário do que poderia ser? E como é a interação entre um juiz de primeira instância, como Sérgio Moro, e os juízes "guardiões da constitucionalidade" do país? A partir dessas respostas, podemos ter algumas pistas sobre o futuro da aplicação das leis anticorrupção no Brasil.

O foro privilegiado garante que políticos que exercem cargo público não possam ser investigados sem a concordância do Supremo Tribunal Federal. Com tanta corrupção liderada por parlamentares vindo à tona, o STF se tornou, a contragosto, uma espécie de órgão de controle. A nomeação de seus ministros virou um tema ainda mais delicado. Para um juiz do STF assumir o cargo, é necessária a aprovação do Senado Federal por maioria absoluta – ou seja, 41 dos 81 senadores. Apenas cinco vezes na história do Brasil – todas no governo de Floriano Peixoto (1891-1894), o segundo presidente do país – os senadores rejeitaram indicações. Desde 1985, o Senado aprovou os 27 nomes recomendados pelo Executivo.

Se os senadores costumam ser tão deferentes às indicações, será que o presidente tem poder demais para definir nomes do Judiciário? Há processos alternativos de indicação que podem ser interessantes para o país? Duas propostas de emenda constitucional propõem retirar parte do poder do presidente. Elas poderiam resolver o problema? Antes de analisá-las, é importante considerar alguns aspectos históricos e constitucionais a respeito dos critérios de escolha dos ministros do Supremo Tribunal Federal.

No início do século XX, a maioria dos juízes do STF tinham como origem o cargo de promotor público ou juiz em instâncias inferiores. À medida que as décadas foram passando, houve diversificação. Após 1985, apenas 26% dos indicados para o Supremo começaram como juízes e promotores, enquanto 40% o fizeram como advogados e 26% funcionários públicos. Há implicações interessantes nisso. Um juiz de primeira ou segunda instância alçado ao Supremo certamente lembrará, durante a revisão constitucional de leis aprovadas por políticos, casos "menores" que o fizeram interagir mais diretamente com os cidadãos. Mas um advogado indicado para o STF terá experiência diversa, mais afeita a defender interesses específicos do que a garantir o cumprimento da lei – embora, é claro, nem sempre essas duas coisas sejam excludentes.

Desde 1946, também houve uma progressiva diminuição na atuação partidária dos escolhidos para compor o STF. 33% dos juízes escolhidos entre 1985 e 2008 tinham filiação partidária, contra 43% no período de 1946-1964[52]. A implicação disso é clara: o Supremo Tribunal Federal tornou-se, ao longo do tempo, um espaço de disputa da comunidade jurídica mais do que do campo político. Segundo a Constituição de 1988, há apenas três critérios a serem seguidos pelo presidente na escolha de um ministro. Ele (ou ela) tem que ter notável saber jurídico, reputação ilibada e entre 35 e 65 anos. Os ministros do STF têm que se aposentar obrigatoriamente aos

---

52 DA ROS, Luciano; MARENCO, André. Caminhos que levam à Corte: carreiras e padrões de recrutamento dos ministros dos órgãos de cúpula do Poder Judiciário Brasileiro (1829-2006). *Revista de Sociologia e Política*, Curitiba: Universidade Federal do Paraná, v. 16, n. 30, p. 131-149, jun. 2008. Disponível em: <http://www.scielo.br/pdf/rsocp/v16n30/09.pdf>. Acesso em: 31 ago. 2017.

70 anos. Podem, como foi o caso de dois juízes desde 1985, abandonar o cargo para integrar governos.

Duas Propostas de Emenda à Constituição (PECs) que sugerem mudanças no processo de escolha de ministros do STF tramitam no Senado. A mais avançada é a PEC 35/2015, já aprovada pela Comissão de Constituição e Justiça (CCJ) e pronta para votação em plenário (embora não haja nenhuma movimentação nesse sentido), de autoria do senador Lasier Martins (PDT). A PEC propõe que o presidente nomeie o juiz a partir de uma lista com três nomes sugeridos pelos presidentes dos tribunais superiores (Supremo Tribunal Federal, Superior Tribunal de Justiça, Tribunal Superior do Trabalho, Superior Tribunal Militar e Tribunal Superior Eleitoral) e o presidente da Ordem dos Advogados do Brasil (OAB). Estabelece mandato de dez anos para o juiz e inelegibilidade por cinco anos após o término do mandato. Tem que ter pelo menos quinze anos de atividade jurídica comprovada.

Além de diminuir o poder presidencial, a PEC 35 teria dois efeitos imediatos. O primeiro seria aumentar muito a interferência do campo jurídico no processo de escolha, até mesmo incluindo formalmente a OAB. E ao limitar o mandato dos juízes a dez anos, incentivá-los-ia (influência de Temer!) a agir politicamente, mesmo proibindo que disputem eleições por cinco anos após a saída. O perigo de misturar atuação política com atuação judiciária é evidente. Mudar a Constituição, como político, é uma coisa. Interpretá-la como juiz é diferente. São atuações conflitantes por natureza.

Outra PEC, 44/2012, foi apresentada por Cristovam Buarque (PPS-DF) e ainda não foi analisada pela CCJ. O senador também propõe limitar o poder do presidente, mas não o transferir apenas para a comunidade jurídica, como a PEC 35 faz. A PEC 44 propõe muito mais poder para o Senado no processo de escolha. Em primeiro lugar, uma lista com seis nomes seria sugerida por uma comissão composta de dois membros do Ministério Público Federal, dois membros indicados pelo Conselho Nacional de Justiça, um pela Câmara dos Deputados e outro pela OAB. Recebidas as seis indicações, o presidente reduziria a lista a três nomes, e caberia ao Senado escolher entre os três.

Assim como a PEC 45, a proposta de Buarque institucionaliza o papel do campo jurídico – especialmente a OAB – no processo de escolha, bem como dá aos deputados federais a oportunidade de participar formalmente. Também implicaria demora no processo de nomeação, pois reduzir uma lista de seis nomes a um escolhido final seria vagaroso. O principal papel da PEC 45 seria aumentar muito a relevância do Senado no processo, ao colocar a instituição como responsável pela decisão final. Vale perguntar: em que medida isso é desejável?

Se considerarmos um estudo das cientistas políticas Leany Lemos e Mariana Llanos[53], trata-se de uma proposta desnecessária. Os senadores já são bastante influentes no processo. Isso ocorre por causa de uma das "leis" mais importantes e subestimadas da política: a antecipação de reações. Dada a necessidade de aprovação do Senado, qualquer presidente evitará propor um nome polêmico, "extremista", para o Supremo Tribunal Federal – mesmo que deseje muito isso. O embaraço da derrota política seria grande.

---

53 LEMOS, Leany; LLANOS, Mariana. Presidential preferences? The Supreme Tribunal Federal nominations in democratic Brazil. *Latin American Politics and Society*, Wiley, v. 55, n. 2, p. 77-105, maio 2013. Disponível em: <http://onlinelibrary.wiley.com/doi/10.1111/j.1548-2456.2013.00194.x/abstract>. Acesso em: 31 ago. 2017.

As cientistas políticas ilustram o argumento com os casos de Fernando Collor e Lula. Ambos selecionaram, para o STF, candidatos majoritariamente oriundos do Judiciário. A única escolha "política" de Collor foi Francisco Rezek, que era ministro do STF, e saiu para integrar o ministério do presidente e voltou durante o mandato de Collor. Não foi bem-aceito por parte dos senadores e correu sério risco de rejeição. Lula pôde escolher oito ministros do STF durante seus dois mandatos, e sete foram opções "centristas", muito bem-aceitas pela comunidade jurídica. Afinal, é o PMDB quem comanda o rito do processo no Senado. E o PMDB é um partido de centro, talvez centro-direita. Não topariam José Eduardo Cardozo, por exemplo. E Dias Toffoli teve dificuldades. Toffoli foi advogado eleitoral do PT e advogado-geral da União no governo Lula. Foi aprovado mesmo assim, mas até hoje sente o peso por conta de sua atuação política prévia. Nesse sentido, Gilmar Mendes também não tem boa reputação. Foi flagrado combinando estratégias de persuasão de parlamentares, com o senador Aécio Neves (PSDB), para aprovar um projeto de lei que poderia implicar juízes e procuradores mais facilmente como "abusadores de autoridade"[54]. Mais do que negociadores, juízes do Supremo Tribunal Federal são decisivos para uma tarefa mais delicada na Lava Jato: decidir sobre a duração das prisões preventivas dos suspeitos.

Os empresários Eike Batista e João Carlos Bumlai e o ex-tesoureiro do Partido Progressista, João Cláudio Genu, saíram da cadeia a mando do Supremo Tribunal Federal em abril de 2017. Noticiou-se que Eike negociava colaboração premiada na qual implicaria políticos graúdos, como o ex-governador do Rio

---

54 VALENTE, Rubens. PF interceptou conversa telefônica de Temer com Rodrigo Loures. *Folha de S.Paulo*, Brasília, 19 maio 2017. Disponível em: <http://www1.folha.uol.com.br/poder/2017/05/1885509-pf-interceptou-conversas-telefonicas-de-temer-e-de-gilmar-mendes.shtml>. Acesso em: 29 ago. 2017.

de Janeiro, Sérgio Cabral, e o ex-presidente Lula (PT). Cabral e Lula não precisam do depoimento e provas de Eike para passarem longa temporada presos. As três decisões foram consideradas um baque para a Operação Lava Jato. A operação depende de dois tipos de prisão para funcionar: a prisão preventiva e a prisão após a decisão em segunda instância. No entendimento de parte dos juízes do STF, como Gilmar Mendes, Moro foi longe demais e pode ter abusado dos pedidos de prisão preventiva. O dilema que se coloca é: a operação está sendo realizada às custas do princípio de presunção de inocência garantido pela Constituição Federal de 1988? Argumento que não, mas isso não implica que o STF não tenha agido de modo correto.

Sempre que liberta suspeitos de crimes de corrupção, o Judiciário está agindo como instituição contramajoritária – ou seja, observando mais os limites da lei do que a vontade da maioria do povo (duas coisas que nem sempre estão em desacordo, é claro).

No caso de crimes contra a administração pública, prisões preventivas são baseadas no risco de destruição de provas e/ou obstrução de justiça. Nem sempre é fácil argumentar que quem está preso antes de ser julgado (ou seja, réu) ou antes de ser condenado no mínimo em segunda instância irá fazer uma dessas duas coisas. Nunca é demais lembrar, no entanto, que envolvidos em atos corruptos na Lava Jato destruíram provas. Os filhos de Paulo Roberto Costa, o primeiro diretor da Petrobras pego pela operação, foram flagrados dando sumiço em documentos importantes (presume-se). O ex-jornalista e agora publicitário João Santana teria apagado sua conta no Dropbox. Esses dois argumentos para prisões preventivas são bons, mas há um terceiro, nem sempre reconhecido, que provoca ainda mais discussão: a prisão preventiva como estímulo à colaboração premiada. Se tivermos que escolher um fator que deu vida à Lava Jato, foi a colaboração de agentes corruptos em troca da redução de pena, multas e outros benefícios. O doleiro Alberto Youssef foi o primeiro. Sem sua colaboração, não saberíamos da verdadeira extensão dos crimes na Petrobras. Antigamente, a possibilidade de colaboração premiada não era prevista para todos os tipos de crimes. Após a aprovação da Lei das Organizações Criminosas em 2013, crimes contra a administração pública puderam se beneficiar desse tipo de colaboração. Assim os investigadores podem aplicar o clássico dilema do prisioneiro. Em um crime com dois comparsas presos, interrogados em salas separadas, ambos terão incentivos para confessar o crime e implicar o colega. Se eu não colaborar, mas meu colega falar, minha pena será maior do que a dele. O natural é que ambos falem e, assim, a investigação fique mais completa.

Nem sempre a possibilidade de colaboração anima os implicados em atos corruptos. Os petistas João Vaccari Neto (ex-tesoureiro) e André Vargas (ex-deputado federal) foram presos e condenados em primeira instância, e não abriram a boca. Vargas tem pena de dezoito anos para cumprir e Vaccari 41 anos. A fidelidade ao partido (e seus agentes corruptos) fala mais alto do que a possível liberdade. Não deve ser coincidência que o único diretor da Petrobras ainda preso, Renato Duque, era o mais ligado ao PT. Duque foi condenado, em primeira instância, a mais de 57 anos de prisão. Esse trio (Vargas, Vaccari e Duque) está preso preventivamente há mais de dois anos. Será um exagero? Não é o que indica Sérgio Moro em sua sentença que condenou Marcelo Odebrecht: "Embora excepcionais, as prisões cautelares [preventivas] foram impostas em um quadro de criminalidade complexa, habitual e profissional, servindo para interromper a prática sistemática de crimes contra a administração pública, além de preservar a investigação e a instrução da ação penal"[55].

Ao contrário do que Moro afirma, as prisões preventivas não parecem ser exceção, ao menos no caso de presos ilustres, como José Dirceu (634 dias), Antonio Palocci (214 dias), Sérgio Cabral (162 dias) e Gim Argello (381 dias). Argello é um caso interessante. Trata-se de um ex-senador pelo PTB com esquema no Ministério da Cultura que, mesmo assim, quase foi indicado em 2014 para ministro do Tribunal de Contas da União. Após forte repercussão negativa entre os funcionários do órgão, Dilma Rousseff desistiu da nomeação. Não está claro sobre quem Argello poderia falar para se safar. Seu caso pode servir para ilustrar um dos principais argumentos de Gilmar Mendes para deixar Eike responder às acusações em liberdade: os implicados em atos corruptos já não se encontram no poder. Argello e Eike, para ficar nesses dois exemplos, não têm laços com os comandantes do PMDB no nível federal. Não teriam, portanto, como obstruir a justiça.

Ao não pedir a prisão preventiva de Lula, Sérgio Moro agiu, como já indiquei, com atitude "contramajoritária" – contra a vontade popular. Ver Eike, comparsa de Sérgio Cabral, atrás das grades é um alívio para muita gente. Como a jornalista Malu Gaspar mostra em sua biografia sobre o empresário, Eike desrespeitou os acionistas minoritários de suas empreitadas e dilacerou, com suas estratégias e tweets risíveis, os investimentos de muitas outras pessoas. Mas isso não é motivo

---

[55] CURITIBA. 13ª Vara Federal de Curitiba. Ação Penal Nº 503652823.2015.4.04.7000/PR – do Ministério Público Federal versus Petróleo Brasileiro S-A - Petrobrás. Relator: Sérgio Fernando Moro. Sentença de 08 mar. 2016. *O Estado de S. Paulo*, mar. 2016, p. 70. Disponível em: <http://politica.estadao.com.br/blogs/fausto-macedo/wp-content/uploads/sites/41/2016/03/sentencaOdebrecht.pdf>. Acesso em: 04 set. 2017.

suficiente para deixá-lo na cadeia enquanto responde às acusações. Seus comparsas estão fora do poder e na cadeia. Assim, o STF acertou a mão sem necessariamente implicar perdas reais para a Operação Lava Jato. O Judiciário continuará no delicado pêndulo entre a vontade da maioria e as permissões da lei. É provável que os juízes sejam chamados para decidir.

    Se seguirem a vontade da maioria, darão ainda mais força para o Ministério Público Federal. Como o próximo capítulo mostra, as leis aprovadas no segundo semestre de 2013 para combater a corrupção não tiveram apenas a Operação Lava Jato como consequência. Desde então, há uma batalha silenciosa, intensa, pelo controle de dois dos principais mecanismos de investigação e responsabilização de atores corruptos: as colaborações premiadas e os acordos de leniência.

IV

Colaborações premiadas e acordos de leniência

Antes de 2013, criminosos brasileiros pegos em atos corruptos podiam relaxar. "Dinheiro na minha cueca? Ora, quem é você para me julgar sobre isso? Tenho bons advogados. Não é da sua conta de onde vem a grana. E daí que sou irmão de deputado federal? Tenho direitos garantidos. Conheço-os. Não vou falar nada. Deixe-me em paz e boa sorte com seu arremedo de investigação."

Digamos que a Polícia Federal e o Ministério Público Federal, os dois órgãos responsáveis por investigar atos corruptos (os policiais federais mais do que os procuradores), encontrem um dos comparsas de certo crime. Os dois suspeitos são trancados em salas diferentes. Quem já viu algum seriado policial norte-americano reconhece a cena. Para cada um dos suspeitos oferece-se um acordo: "Sua pena será reduzida, ou mesmo anulada, se você entregar o esquema todo. Não quero saber de você, quero seu chefe. É aquele otário sentado na outra sala?". Bem, o outro suspeito do crime está ouvindo o mesmo clichê. Ambos sabem que a polícia não tem elementos suficientes para condená-los. Se tivesse, o encaminhamento seria outro: acordo ou julgamento. Por enquanto é blefe, negociação. Para usar termos técnicos, tanto os policiais quanto os suspeitos têm "informação privada" que ou não pode ser revelada ("não temos provas contra vocês", diria um policial), ou não é crível ("sou inocente", diria um suspeito).

Os policiais não têm prova alguma a respeito da origem do dinheiro do crime hipotético. Se o volume for proveniente de um ato corrupto, os suspeitos pegarão três anos cada. Mas não há, por enquanto, como saber. E os policiais podem, nesse momento, implicá-los em um crime cuja pena será de um ano. Não é o ideal.

Os policiais oferecem redução da pena caso o suspeito coopere. As opções, sem que os suspeitos saibam, são cooperar sem o mesmo comportamento do comparsa, ou ambos cooperarem. Caso ambos cooperem, a pena para cada um deles será de dois anos. Se nenhum deles cooperar, ambos pegam um ano. Mas a negociação com os policiais é tentadora: "estão dizendo que não irei para a cadeia se eu entregar meu parceiro! Opa. Mas devem ter falado o mesmo para ele. Se eu o entregar, livro-me da condenação, e ele se ferra. Ou serei eu o ferrado".

A melhor opção para ambos já deve ter ficado clara: entregar o parceiro, desonrando o acordo de confiança implícito entre criminosos. Mas por que, afinal, um criminoso deveria confiar no outro? Conforme o sociólogo Diego Gambetta afirma[1], delinquentes têm mais dificuldade em se estabelecer como confiáveis para seus parceiros. Afinal, um criminoso traído pelo comparsa no dia a dia não tem a quem recorrer. Não há, é claro, um contrato entre criminosos a ser garantido pela justiça. Porém, existem ao menos dois métodos que podem ser utilizados para aumentar a confiança e viabilizar crimes. O primeiro, menos comum, é estabelecer-se como "incompeten-

---

[1] GAMBETTA, Diego. *Codes of the Underworld: How Criminals Communicate*. New Jersey: Princeton University Press, 2011.

te", pouco ambicioso. "Posso entrar no esquema porque não sou ganancioso, nem quero uma posição além da que tenho hoje. Só quero um pouco mais de dinheiro. Nem conseguiria fazer outro esquema que não fosse este aqui, então pode confiar em mim." O segundo é revelar informações sobre os crimes passados. "Já estou no esquema da Copa faz tempo. Conheço gente na Planam e fizemos muitos negócios juntos."

A confiança entre criminosos encontrará terreno fértil em lugares nos quais não há possibilidade de se verem no "dilema dos prisioneiros". Até 2 de agosto de 2013, o Brasil era um desses lugares. Em junho daquele ano, protestos de cidadãos tornaram-se comuns em capitais. O motivo inicial para organizá-los foi o possível aumento na tarifa de ônibus na cidade de São Paulo. Em pouco tempo, a raiva se espalhou e as manifestações ganharam força. Uma decorrência natural disso foi a heterogeneidade das demandas, expressas em faixas e cartazes que pediam tudo e, ao mesmo tempo, nada. (Meu predileto: "Estou tão puto que fiz um cartaz").

Um estudo dos cientistas políticos Matthew Winters e Rebecca Weitz-Shapiro[2] mostra alguns pontos surpreendentes sobre as manifestações de 2013. A pedido deles, o Ibope conduziu duas pesquisas – uma em maio, outra em julho – com os participantes das passeatas e outros cidadãos.

A primeira constatação do estudo é que simpatizantes do Partido Verde e do PSOL compuseram uma parte relevante das manifestações. Ou seja, elas foram muito menos antipartidárias (e apartidárias) do que a mídia relatou. Ao

---

2 WEITZ-SHAPIRO, Rebecca; WINTERS, Matthew. Partisan Protesters and Nonpartisan Protests in Brazil. *Journal of Politics in Latin America*, GIGA, v. 6, n. 1, 2014, p. 137-150. Disponível em: <http://ccs.ukzn.ac.za/files/Brazil%20protest%202013.pdf>. Acesso em: 29 ago. 2017.

serem perguntados sobre o principal motivo para os protestos, 43% dos manifestantes citou o aumento da tarifa de ônibus (contra 36% dos não participantes). A corrupção foi lembrada como principal motivo por apenas 18% dos manifestantes (contra 27% de quem não foi às passeatas), indicando que o sentimento de que "todos são corruptos" estava mais fraco nas manifestações do que se imagina.

O estudo mostra que a mobilização tornou a população menos simpática aos partidos políticos. Em maio, 52% dos cidadãos afirmavam não se identificar com nenhum partido – esse percentual subiu para 57% em julho. A rejeição ao PT foi o que motivou isso, segundo os autores. Havia 32% de simpatizantes do PT em São Paulo e 34% no Rio de Janeiro. Após as manifestações, os números abaixaram, respectivamente, para 18% e 16%.

Os políticos dependem de apoio popular para serem reeleitos em qualquer democracia. Se as circunstâncias mudam, eles se adaptam. Nos Estados Unidos, as passeatas organizadas por simpatizantes da "Tea Party", facção mais conservadora do Partido Republicano, tiveram um efeito real no comportamento parlamentar. Os deputados federais que representavam distritos nos quais grandes protestos foram organizados acabaram votando de maneira mais conservadora[3].

No Brasil, a resposta dos parlamentares foi a aprovação de duas leis. A lei 12.846/2013, apelidada de "Lei Anticorrupção", e a lei 12.850/2013, chamada de "Lei das Organizações Criminosas". O projeto de lei que resultou nessa última foi

---

[3] MADESTAM, Andreas; SHOAG, Daniel; VEUGER, Stan; YANAGIZAWA-DROTT, David. Do political protests matter? Evidence from the Tea Party movement. *Quarterly Journal of Economics*, v. 128, n. 4, p. 1633-1685, 2013. Disponível em: <https://academic.oup.com/qje/article-abstract/128/4/1633/1849540/Do-Political-Protests-Matter-Evidence-from-the-Tea?redirectedFrom=fulltext>. Acesso em: 29 ago. 2017.

apresentado pela senadora Serys Slhessarenko (PT) em 2006, chegou à Câmara dos Deputados em 2009 e lá adormeceu até dezembro de 2012, quando foi aprovado. Depois voltou para o Senado Federal que, com a pressão das ruas, aprovou a proposta.

Enquanto a lei 12.846 tentou (mas não conseguiu) garantir que o Poder Executivo fizesse acordos de leniência com empresas corruptas, a lei 12.850 teve como principal objetivo facilitar a descoberta dos crimes corruptos. Para isso, colocar os criminosos em situações análogas ao clichê (eficaz) da polícia norte-americana é fundamental. Ao disciplinar a "colaboração premiada" de criminosos, a lei 12.850 foi crucial para prender – e manter preso até hoje – Marcelo Odebrecht.

Ele fez de tudo para não ser delator. Mas após Ricardo Pessoa, dono da empreiteira UTC, revelar os detalhes do cartel formado para saquear os investimentos em infraestrutura dos governos petistas, Odebrecht sabia que teria de fornecer informações detalhadas sobre os esquemas se quisesse escapar da prisão ou pelo menos reduzir sua pena (mas continuou tentando revelar o mínimo possível, pois ainda tinha esperança de firmar um acordo de leniência favorável para salvar-se como pessoa jurídica). Isso porque a colaboração premiada comprometeria não só sua empresa, mas também os variados atores políticos que viabilizaram – e se aproveitaram, é claro – os atos corruptos.

De acordo com a legislação brasileira, delatores podem negociar tanto com policiais federais quanto com procuradores do Ministério Público. A Polícia Federal tem incentivos para obter o máximo de informações que auxiliarão as investigações, com novos *leads*, e terá um ganho reputacional com isso. Afinal, poderão vender à sociedade a ideia de que "sem uma Polícia Federal forte e autônoma, vocês não saberiam quão corrupto é o país e continuariam tendo seu dinheiro desviado". No entanto, ao contrário do Ministério Público, policiais não podem negociar a redução de penas e multas. E esse seria o maior incentivo para que um possível delator revele mais informações sobre os esquemas de corrupção.

Também o Ministério Público avalia os custos e os benefícios de firmar acordos de colaboração premiada com suspeitos de corrupção. À primeira vista, quanto mais acordos realizados, melhor para a instituição. Mais informações sobre os crimes serão reveladas, mais políticos serão implicados, maior o ganho reputacional para os procuradores, mais pressão pública haverá para que o Judiciário (tanto de primeira instância, como Sérgio Moro, quanto em "quarta instância", o Supremo Tribunal Federal) puna os criminosos mais relevantes. Mas será ruim, para o Ministério Público, se os acordos de colaboração forem vistos como excessivamente generosos para os delatores. Pessoas como o ex-presidente da Transpetro, Sérgio Machado, vivem com conforto em prisão domiciliar. (Quando dirigente público, Machado recebia auditores do Tribunal de Contas da União com pompa, contando a história do papai que foi prefeito de Garanhuns e no fim de ano abria os cofres da prefeitura para ajudar os pobres, "hoje infelizmente por causa da imprensa a gente tem que fazer política de outra maneira".)

Esse dilema dos procuradores foi facilitado pela baixíssima expectativa de punição de corruptos no Brasil. Mesmo após o Mensalão, no qual 38 políticos e empresários foram julgados pelo STF, analistas discutiam se o comportamento do Judiciário seria consistente ao longo do tempo e se o escândalo mudaria os cálculos dos atores corruptos[4].

4 Ver, por exemplo, MICHENER, Greg; PEREIRA, Carlos. A great leap forward for democracy and the rule of law? Brazil's *Mensalão* Trial. *Journal of Latin American Studies*, Cambridge

Ora, quanto menor a expectativa de punição judicial, menor a chance de um criminoso topar um acordo de colaboração premiada. Afinal, notórios implicados em esquemas, como o deputado federal Paulo Maluf, livraram-se da cadeia, durante décadas, por usarem todos os recursos jurídicos possíveis, alongando o andamento dos processos para que os crimes prescrevessem – ou seja, para que os promotores não pudessem mais puni-los devido ao tempo passado entre o suposto ato e a possível punição. Para que, então, firmar acordos?

No caso de empreiteiros como Odebrecht e Ricardo Pessoa, acordos de colaboração com os órgãos de combate à corrupção eram ainda menos prováveis. Mesmo com as evidências mostradas pelo doleiro Alberto Youssef e o ex-diretor da Petrobras Paulo Roberto Costa em 2014, Pessoa e Odebrecht pensavam que poderiam se livrar com apenas uma multa por formação de cartel, a ser firmada com o Conselho Administrativo de Defesa Econômica (Cade), conforme conta o jornalista Vladimir Netto[5]. Mas a negociação intermediada por Márcio Thomaz Bastos não funcionou, e Pessoa firmou colaboração premiada com o Ministério Público Federal. Apresentou provas documentais de propina para PP, PT e PMDB.

Àquela altura, a delação mais relevante de corruptores havia sido a dos empresários da Toyo Setal, uma empresa bem menor. Augusto Ribeiro de Mendonça Neto e Júlio Camargo mostraram o envolvimento de Renato Duque (ex-diretor de Serviços da Petrobras) e do operador Fernando Baiano – ambos se tornaram colaboradores do Ministério Público Federal

---

University Press, v. 48, n. 3, p. 477-507, jul. 2016. Disponível em: <http://journals.cambridge.org/abstract_S0022216X16000377>. Acesso em: 29 ago. 2017.
5 NETTO, Vladimir. *Lava Jato:* o juiz Sergio Moro e os bastidores da operação que abalou o Brasil. Rio de Janeiro: Primeira Pessoa, 2016.

posteriormente. Foram os primeiros a expor o cartel das empreiteiras. Marcelo Odebrecht foi preso menos de um mês depois de Pessoa falar, sem que tivesse sido divulgado ainda o conteúdo da delação do dono da UTC.

Se Odebrecht estivesse mais atento, teria corrido para firmar um acordo de colaboração premiada assim que foi preso. Já estava evidente que o clima de punição no Brasil estava mudando. Quanto mais cedo colaborasse, maiores as chances de estabelecer um acordo com menos tempo na cadeia. Mas o "espectro do julgamento" ainda não era forte suficiente para forçar sua confissão.

Uma decisão do Supremo Tribunal Federal em março de 2016 complicou mais ainda a situação dos empresários e políticos corruptos. Os juízes mudaram a interpretação do princípio da presunção de inocência ao decidir que quem for condenado em segunda instância deve começar a cumprir sua pena imediatamente, sem poder recorrer em liberdade ao Superior Tribunal de Justiça (STJ) ou ao próprio Supremo. Logo em seguida à decisão, o deputado federal Wadih Damous (PT) protocolou um projeto de lei para voltar ao quadro anterior, no qual recursos jurídicos impediriam o condenado de permanecer preso[6]. Não funcionou.

Colaborações premiadas, como as de Delcídio do Amaral, Ricardo Pessoa e Marcelo Odebrecht, implicaram dezenas de políticos dos mais diversos partidos. Ficou cada vez mais difícil afirmar, como muitos faziam em 2015 e em 2016, que a Operação Lava Jato perseguia o Partido dos Trabalhadores. Afinal, os delatores inicialmente frisavam, na interpretação dos simpatizantes

---

6 ALVES, Raquel. Projeto de Wadih Damous visa impedir execução provisória da pena. *JOTA*, 3 maio 2016. Disponível em: <https://jota.info/justica/wadih-damous-quer-impedir-execucao-provisoria-da-pena-03052016.>. Acesso em: 04 set. 2017.

do PT, os crimes cometidos por petistas e minimizavam o envolvimento de tucanos e peemedebistas. Os simpatizantes preferem ignorar informações do que atualizar suas crenças sobre quais partidos políticos são organizações criminosas. Consequência ruim, mas previsível, da Operação Lava Jato.

Se as tentativas políticas de mudar a legislação de colaboração premiada e a execução provisória da pena não tiveram muita chance para prosperar entre 2013 e 2017, o mesmo não pode ser dito do complemento "CNPJ" desse arcabouço normativo: os acordos de leniência.

"Fechar leniência com Odebrecht, última missão de Adams na AGU"[7]. Essa manchete de reportagem do site JOTA passou despercebida pela opinião pública no início de 2016. Àquela altura, Marcelo Odebrecht completava sete meses e uma semana na cadeia. Sua colaboração premiada não havia sido ainda tratada com o Ministério Público Federal. Odebrecht é, ao mesmo tempo, pessoa física e pessoa jurídica. Enquanto o CPF enviava e-mails marcando reuniões com Guido Mantega (PT), ministro da Fazenda de Dilma Rousseff, o CNPJ organizava um sofisticado sistema de distribuição de propinas para diversos partidos políticos. O empresário queria se livrar, do melhor jeito possível, diante das circunstâncias, de uma longa pena na prisão e da possibilidade de sua empresa ir à ruína.

A possibilidade de firmar a colaboração premiada com a Polícia Federal e/ou com o Ministério Público Federal estava cada dia mais próxima. Em quinze dias, o Supremo Tribunal Federal deliberou, em decisão colegiada, que a execução provisória da pena em segunda instância não fere a Constituição

---

7 LOBATO, Bárbara. Fechar leniência com Odebrecht, última missão de Adams na AGU. *JOTA*, Brasília: 2 fev. 2016. Disponível em: <https://jota.info/justica/fechar-leniencia-com-odebrecht-ultima-missao-de-adams-na-agu-02022016>. Acesso em: 29 ago. 2017.

Federal. Em outras palavras, qualquer pessoa condenada por duas instâncias judiciais poderia permanecer presa. O STF confirmou a decisão quatro meses depois, em junho de 2016. Odebrecht, o CPF, estava encurralado. Seu CNPJ ainda tinha salvação. Bastaria fazer um acordo de leniência com os órgãos de controle. Mas qual deles?

Para evitar interpretações erradas, é crucial ver *ipsis litteris* o que diz a Lei Anticorrupção (lei 12.846/2013) sobre essa novidade no sistema jurídico brasileiro. O artigo 16 da lei afirma: "A autoridade máxima de cada órgão ou entidade pública poderá celebrar acordo de leniência com as pessoas jurídicas responsáveis pela prática dos atos previstos nessa Lei que colaborem efetivamente com as investigações e o processo administrativo, sendo que dessa colaboração resulte a identificação dos demais envolvidos na infração, quando couber, e a obtenção célere de informações e documentos que comprovem o ilícito sob apuração". Autoridade máxima de cada órgão ou entidade pública. Até aí, entende-se que a empresa corrupta pode estabelecer acordos de leniência distintos com a Advocacia-Geral da União (AGU), o Conselho Administrativo de Defesa Econômica (Cade), a Controladoria-Geral da União (CGU) e o Ministério Público Federal (MPF). Em seguida, a lei estabelece que, "no âmbito do Poder Executivo Federal", a CGU é o órgão responsável por acordos de leniência no que se refere aos crimes de corrupção. Quando há formação de cartel, o Cade também pode estabelecer esses acordos. Resumindo: a lei estabelece a CGU como o órgão que trata desses acordos no Poder Executivo, mas deixa aberta a possibilidade para o Ministério Público Federal firmar também esse tipo de acordo. A CGU pode isentar as empresas de sanções administrativas, e o MPF pode livrá-las de sanções criminais.

Há na Lei Anticorrupção dois outros pontos importantes sobre o tema. A empresa pode celebrar o acordo desde que seja a primeira a se manifestar sobre seu interesse em cooperar para a apuração do ato ilícito e não poderá receber financiamento de instituições financeiras públicas por no mínimo um ano e no máximo cinco anos após a assinatura do acordo.

A Odebrecht não considerava que essas condições fossem satisfatórias. Para assinar o acordo, teria que dar muito mais detalhes e informações do que as outras empresas. Além de isso arranhar ainda mais a imagem da empresa, seus comparsas políticos seriam expostos. E esperar um ano para ter mais financiamentos do BNDES? De forma alguma! O jeito era pressionar o sistema político para resolver o imbróglio rapidamente, se possível antes do fim de 2015, e permitir que Luís Inácio Adams cumprisse sua última missão – fazer um acordo de leniência com a Odebrecht – no início do ano seguinte.

"Naquela época, o ministro da Justiça, José Eduardo Cardozo, recebeu Sérgio Renault, advogado de Ricardo Pessoa, da UTC, em seu gabinete. Renault estava junto com o advogado e ex-deputado federal Sigmaringa Seixas (PT). O empresário estava preso em Curitiba, e a mídia noticiava que ele estaria prestes a celebrar um acordo de colaboração premiada. Cardozo teria dito para Renault ter calma porque haveria novidades em fevereiro de 2016, durante o Carnaval. Essas novidades seriam os acordos de leniência feitos pela CGU. Com isso, as empresas poderiam continuar sendo contratadas pelo setor público. O objetivo claro era esvaziar o processo penal conduzido pelo Ministério Público, pois este perderia força sem as colaborações dos empresários"[8], contou-me um funcionário do Tribunal de Contas da União. O objetivo do governo era dar segurança jurídica às empresas. Para isso, seria necessária uma mudança na legislação. Então o senador Ricardo Ferraço (PMDB) propôs, em novembro de 2015, o projeto de lei 3636/2015.

A intenção do projeto era fortalecer a Controladoria-Geral da União como interlocutora das empresas para firmar acordos de leniência. Embora a Lei Anticorrupção já definisse esse órgão como o responsável, havia dúvidas sobre como outras instituições, como o Ministério Público Federal e o Tribunal de Contas da União, se comportariam caso a CGU começasse a assinar acordos com as empresas. Em tese, o MPF e o TCU poderiam aceitar que a CGU livrasse as empresas de sanções administrativas, mas elas ainda teriam que responder criminalmente. E aí, de que adiantaria o acordo?

Dezembro de 2015 foi um mês de intensa atividade parlamentar em torno disso. O projeto de lei 3636/2015 passou rapidamente no Senado Federal. Caso não fosse aprovado pelos deputados federais, as empresas implicadas em escândalos de corrupção perderiam a janela para negociar com o Poder Executivo e teriam que lidar com o Ministério Público Federal. O deputado federal Vicente Cândido (PT) presidiu a comissão especial que tratou do projeto na Câmara dos Deputados. O relator era o deputado André Moura (PSC). Observando a vontade do sistema político para passar o projeto – provavelmente mais forte porque Emílio Odebrecht conversou com Lula sobre o assunto –, a Associação Nacional de Auditores de Controle Externo, co-

---
8 Funcionário do Tribunal de Contas da União. 30 jun. 2016.

mandada por funcionários do Tribunal de Contas da União, entrou no jogo. Por intermédio dessa organização, o TCU fez uma coisa inusitada: aliou-se ao Partido Popular Socialista para frear o projeto. O PPS fez o típico papel de partido de oposição, obstruindo debates e forçando o alongamento das negociações entre parlamentares, e a estratégia funcionou. Em vez de aprovar o projeto 3636/2015, o governo se viu forçado a editar uma medida provisória, a MP 703/2015, com conteúdo quase idêntico.

Essa medida tinha como intenção, de acordo com um advogado e professor da Escola de Direito da FGV-SP, "preservar a empresa colaboradora"[9]. Para ele, a MP 703 deveria ser bem-vista, pois trazia três incentivos para a adesão da empresa ao acordo de leniência. O primeiro é que possibilitaria à primeira empresa que aderisse à isenção integral da multa e de qualquer ressarcimento. A Lei Anticorrupção prevê perdão de até dois terços da multa. Além disso, a MP 703 permitiria a integração do Ministério Público Federal ao pacto. O MPF é o titular da ação penal e da ação civil de improbidade administrativa. Afastá-lo da leniência reduziria as chances de adesão das empresas. Finalmente, a MP 703 suspenderia a restrição à empresa de voltar a contratar com o poder público, participar de licitações e tomar empréstimos em bancos públicos, retomando sua atividade econômica. "A empresa envolvida em atos de corrupção não deve ser destruída, mas sim preservada, porque ela significa para seus colaboradores, para a sociedade e para o país mais que a punição das mazelas que foram praticadas em seu nome", segundo o advogado.

---

[9] Godoy, Luciano. A preservação da empresa e o acordo de leniência. *JOTA*, 1 fev. 2016. Disponível em: <https://jota.info/colunas/luciano-godoy/a-preservacao-da-empresa-e-o-acordo-de-leniência-01022016>. Acesso em: 28 ago. 2017.

A permissão explícita para que o Ministério Público entrasse no acordo sanaria, conforme um procurador, uma falha grave da Lei Anticorrupção. Mas um ponto bastante negativo da medida provisória era que "na prática, todas as empresas serão beneficiadas independentemente do conteúdo que trazerem para as investigações"[10]. Se o Ministério Público Federal tinha motivos para não gostar da MP 703 e do projeto de lei que a originou informalmente, o TCU tinha mais ainda.

Um funcionário do Tribunal de Contas da União resumiu assim uma parte do projeto de lei 3636: "Celebrado o processo na CGU, são paralisados quaisquer outros processos administrativos nos demais órgãos". Esse trecho, segundo o funcionário, esvazia completamente o trabalho do Tribunal de Contas da União. "Conseguimos mobilizar alguns parlamentares, como o Raul Jungmann (PPS) e o Pauderney Avelino (DEM), que apresentaram requerimentos para discutir o assunto em audiências públicas quando ainda se estava discutindo o projeto de lei. Convencemos alguns parlamentares da comissão que aquilo não ia dar certo e tiramos o consenso em torno do projeto. Mas aí a presidente decidiu baixar a medida provisória com o mesmo conteúdo do projeto 3636"[11].

Naquele momento, com a MP 703 editada e valendo por quatro meses (sem contar o período de recesso parlamentar), a Operação Lava Jato correu seu maior risco. Sem a colaboração de empresários como Ricardo Pessoa e Marcelo Odebrecht – tanto como pessoas físicas quanto pessoas ju-

---

[10] Procurador do Ministério Público Federal. 5 set. 2016.
[11] Funcionário do Tribunal de Contas da União. 30 jun. 2016.

rídicas –, não saberíamos detalhes e evidências sobre graves crimes de corrupção e formação de cartel. Para assegurar um acordo de leniência realmente leniente com as construtoras, era necessário colocar o TCU na jogada. Os funcionários do órgão eram contrários à MP 703, mas o colegiado de ministros estava, ao menos parcialmente, em sintonia com o governo. "De repente surgiu uma proposta de resolução para fiscalizar os acordos de leniência. Resolução é a decisão do tribunal que adota a Instrução Normativa. Instrução normativa é uma norma que o TCU estabelece sobre como outros órgãos devem fornecer informações para que o tribunal possa exercer suas competências constitucionais. A resolução foi apresentada pelo presidente Aroldo Cedraz. O processo foi autuado às 11 horas e já foi levado ao plenário às 14 horas. Ninguém entendeu, naquela altura, o motivo da correria. Disseram que a resolução teria sido escrita pelo Luís Inácio Adams junto com Bruno Dantas, ministro do TCU muito ligado a Renan Calheiros. O normal seria analisar uma decisão dessas ao longo de uns três meses. É sorteado um relator, que abre prazo para emendas e sugestões de outros ministros e do Ministério Público. A discussão é marcada com antecedência no plenário. Essa fugiu completamente do figurino."[12]

O representante do Ministério Público Federal no TCU, Júlio Marcelo de Oliveira, fez uma representação ao colegiado do tribunal pedindo que o órgão editasse uma medida cautelar suspendendo qualquer acordo de leniência firmado com a Controladoria-Geral da União que não contasse com a participação do MPF. Assim, tornaria a participação "permitida" pela MP 703 obrigatória. Além disso, reafirmaria o papel

---
12 Funcionário do Tribunal de Contas da União. 30 jun. 2016.

do TCU como instituição que deveria ter acesso a todas as etapas do acordo.

Os ministros do TCU aprovaram o pedido de Júlio Marcelo, e as empresas colocaram um pé no freio. A combinação com o tribunal já não estava tão acertada. Em nome da preservação das investigações pelo MPF, os acordos de leniência voltavam a ter insegurança jurídica. Órgãos como a CGU e o Cade poderiam salvar empresas da inidoneidade – ou seja, permitir que elas continuassem firmando contratos com o setor público após responder a sanções administrativas, como multas, dentro do acordo de leniência. "Seria uma enorme afronta ao MPF fazer isso antes de as empresas colaborarem com as investigações", diz um auditor da CGU[13]. "Mas também não faz sentido eu responder amanhã, para o Ministério Público, sobre atos corruptos que eu confessei para a CGU e pelos quais ela reduziu minha multa e permitiu que eu não fosse declarada inidônea."[14]

Nenhuma empresa aproveitou a janela de oportunidade da Medida Provisória 703/2015, que durou até 29 de Maio de 2016, para fazer um acordo de leniência com a CGU. Pouco tempo depois, o perigo da medida para a Operação Lava Jato ficou mais claro com a revelação de um diálogo entre o senador Renan Calheiros e o ex-presidente da Transpetro, Sérgio Machado, ocorrido entre março e maio daquele ano. Diz Machado: "Dentro da leniência botaram outras pessoas, executivos para falar. Agora, meu trato com essas empresas, Renan, é com os donos. Quer dizer, se botarem, vai dar uma merda geral. Eu nunca falei com executivo". Renan responde: "Não vão

---
13 Funcionário da Controladoria-Geral da União. 15 mar. 2017.
14 Funcionário da Controladoria-Geral da União. 17 ago. 2016.

botar, não. E da leniência, detalhar mais. A leniência não está clara ainda, é uma das coisas que tem que entrar na...". Machado completa: "No pacote". Renan aquiesce: "No pacote"[15].

---

15 VALENTE, Rubens. Em conversa gravada, Renan defende mudar lei da delação premiada. *Folha de S.Paulo*, Brasília, 25 maio 2016. Disponível em: <http://www1.folha.uol.com.br/poder/2016/05/1774719-em-conversa-gravada-renan-defende-mudar-lei-da-delacao-premiada.shtml>. Acesso em: 29 ago. 2017.

Epílogo

Assim que negociou sua colaboração premiada com o Ministério Público Federal, no início de 2016, Sérgio Machado ligou para os senadores Renan Calheiros, Romero Jucá e o ex-presidente José Sarney. Gravou as conversas. Os interlocutores trataram da crise política, do possível *impeachment* de Dilma Rousseff e das consequências da Operação Lava Jato para o sistema político brasileiro. Segundo o Ministério Público Federal, essas conversas configuraram obstrução à Justiça. A prisão dos envolvidos foi pedida em 23 de maio de 2016, e negada pelo então ministro do Supremo Tribunal Federal Teori Zavascki.

De acordo com os procuradores, essas gravações mostravam que os políticos fizeram seis tentativas concretas para complicar a Lava Jato[1]. É importante listá-las: 1) mudar, por meio de medida legislativa, a decisão do Supremo Tribunal Federal sobre o início do cumprimento de penas após julgamento em segunda instância; 2) dificultar acordos de colaboração premiada; 3) rever e reduzir os poderes do Ministério Público em uma nova Constituição; 4) investir contra acordos de leniência, permitindo acordos com empresas sem que os crimes fossem reconhecidos; 5) convencer o ministro Teori Zavascki a manter a prerrogativa para decidir sobre a prisão de um investigado que não tem direito a foro privilegiado e, com isso, convencê-lo a não realizar colaboração premiada; 6) cooptar

---

[1] Ministério Público Federal. Procuradoria-Geral da República. Petição 6323. Brasília, 3 fev. 2017.

ministros do STF para concretizar o plano de anistiar políticos e empresários envolvidos na Operação Lava Jato[2].

Os crimes cometidos por Sérgio Machado durante sua gestão como presidente da Transpetro, subsidiária da Petrobras, entre junho de 2003 e novembro de 2014, foram gravíssimos. Estaria sujeito a uma pena máxima de vinte anos de cadeia. Com o acordo de colaboração premiada celebrado em 4 de maio de 2016, acertou sua condenação para dois anos e três meses em regime domiciliar, com tornozeleira eletrônica, e mais nove meses em regime semiaberto diferenciado – ou seja, trabalhando fora de casa durante o dia e dormindo lá entre as 22h e as 7h. Após dois anos e seis meses, os procuradores poderiam isentá-lo dos seis meses restantes de pena. O acordo também garante que, caso Machado venha a ser condenado por seus crimes, pagará o valor mínimo legalmente estabelecido para multas. O Ministério Público Federal assegurou que pedirá isenção de processos contra o ex-senador por improbidade administrativa, caso outros órgãos de controle queiram punir Machado. Finalmente, o ex-diretor da Transpetro teria que pagar R$ 75 milhões: 80% para o governo federal, 20% para a empresa.

São termos generosos, considerando que Machado confessou ter recebido R$ 92 milhões em pagamentos ilegais nos onze anos em que dirigiu a Transpetro. Antes disso, foi deputado federal (1991-1994, PSDB) e senador (1995-2002, filiado ao PMDB a partir de 2001). Credenciou-se para a indicação na estatal a partir de sua relação com os senadores Renan Calheiros e José Sarney. Machado encontrava-se

---
[2] Ministério da Justiça. Departamento de Polícia Federal. Diretoria de Investigação e Combate ao Crime Organizado. Relatório de Análise de Polícia Judiciária n. 76/2017. 13 jul. 2017.

com frequência, segundo Delcídio do Amaral[3], com Renan Calheiros na residência oficial do presidente do Senado. Sua ligação com outros políticos de vários partidos era clara. Durante sua gestão na Transpetro, algumas doações ilegais iam para o Diretório Estadual do PMDB de Roraima, sob os cuidados de Romero Jucá. Em 2012, o PTB quis indicar o Diretor de Dutos e Terminais da Transpetro. Jucá não deixou, assumindo ser padrinho do então diretor Cláudio Campos[4].

Toda colaboração premiada implica receber informações em troca de aliviar sanções para o colaborador. Isso é o óbvio. Menos claros são os critérios para definir quais benefícios devem ser dados para quais colaboradores em troca de quais informações. O "empresário" Joesley Batista gravou uma conversa comprometedora com Michel Temer em 2017 e livrou-se, por poucos meses, da possibilidade de ser preso, mesmo sendo acusado de ter cometido crimes. Essa decisão do Ministério Público Federal foi impopular[5]. Mas a posição dos procuradores era delicada. É importante saber que o presidente indica um deputado federal para tratar de assuntos com empresários. Esse deputado, Rodrigo Rocha Loures (PMDB), foi flagrado andando apressado com uma mala contendo R$ 500 mil na Rua Pamplona, em São Paulo. Se Joesley teria topado revelar suas informações sem isenção da pena? Difícil dizer. Os membros do Ministério Público optaram por não arriscar.

---

3 MINISTÉRIO PÚBLICO FEDERAL. Procuradoria-Geral da República. Termo de acordo de colaboração premiada com Delcídio Amaral. Petição 5952. 18 fev. 2016.
4 MINISTÉRIO PÚBLICO FEDERAL. Procuradoria-Geral da República. Termo de acordo de colaboração premiada com Sérgio Machado. Petição 6138. 12 maio 2016.
5 BILENKY, Thais. Para 64%, Procuradoria agiu mal ao fechar delação da JBS, diz Datafolha. *Folha de S.Paulo*, São Paulo, 25 jun. 2017. Disponível em: <http://www1.folha.uol.com.br/poder/2017/06/1895784-para-64-procuradoria-agiu-mal-ao-fechar-delacao-da-jbs-diz-datafolha.shtml>. Acesso em: 28 ago. 2017.

O caso de Sérgio Machado é mais espinhoso. Quais das seis tentativas listadas pelos procuradores como "obstrução de justiça" se concretizaram? Até julho de 2017, o Supremo Tribunal Federal não havia revertido a decisão que permite a execução provisória da pena em segunda instância. Acordos de colaboração premiada continuaram sendo firmados,159 deles homologados pelo STF. Não houve indício de nova Assembleia Constituinte para reduzir os poderes do Ministério Público. Acordos de leniência prosperaram a partir de 2016: dez foram firmados com os procuradores. Os ministros do Supremo Tribunal Federal mantêm relações políticas que talvez não devessem manter, mas não houve sombra de um "grande acordo nacional" para salvar todos.

Romero Jucá e Renan Calheiros, gravados por Sérgio Machado, propuseram projetos de lei que poderiam afetar a operação. Em julho de 2016, Calheiros propôs um projeto sobre abuso de autoridade (Projeto de Lei do Senado 280/2016). Um dos artigos proibia "constranger alguém, sob ameaça de prisão, a depor sobre fatos que possam incriminá-lo". Jucá, em fevereiro de 2017, apresentou um projeto (Projeto de Lei do Senado 10/2017) que propunha proibir o sigilo de investigações de crimes contra a administração pública, entre outros. Um delegado da Polícia Federal observou que "a aprovação desse projeto de lei poderia inviabilizar as inúmeras operações, presentes e futuras, ligadas ao combate de desvio de recursos públicos e à corrupção. Uma vez que, sem o sigilo necessário, essencial para o andamento das operações e consequente produção de provas, as investigações ficariam fadadas a se extinguirem ainda em sua fase embrionária"[6]. Em sua defesa,

---

6 Ministério da Justiça. Departamento de Polícia Federal. Diretoria de Investigação e Combate ao Crime Organizado. Relatório de análise da Polícia Judiciária n. 76/2017. 13 jul. 2017.

Jucá disse que discutir medidas como leniência e execução provisória da pena após segunda instância "é inerente à atividade parlamentar, e posso discordar sobre essa questão sem com isso estar cometendo crime". Como exemplo, Jucá cita a discordância de cinco ministros do STF sobre o cumprimento de pena com a decisão em segunda instância, não significando com isso que estariam sendo cometidos crimes por discordar da posição majoritária[7].

A Polícia Federal, por intermédio da delegada Graziela Machado da Costa e Silva, concorda com Jucá. Não há, de acordo com a delegada, motivo para enquadrar o comportamento dos políticos como obstrução de justiça de fato. Afinal, nada de concreto aconteceu. E nunca se poderia criminalizar a apresentação de propostas legislativas, mesmo que para mudar questões como os acordos de leniência e de colaboração premiada. O embate entre o Ministério Público Federal e a Polícia Federal, nesse ponto, tem bons motivos para existir. O ônus de livrar um criminoso como Sérgio Machado da cadeia recai sobre toda a operação. Os procuradores são bem-vistos, em um primeiro momento, por divulgarem as gravações telefônicas, mas os policiais federais não conseguem, a partir delas, avançar nas investigações. A delegada propôs que Sérgio Machado perdesse os benefícios da colaboração premiada, pois ela não teria sido eficaz.

Esse exemplo oculta aspectos importantes do combate à corrupção. E a Transpetro? Não há problemas estruturais nas empresas estatais que vão além da responsabilização de seus dirigentes? Sim, há, e nada foi feito desde o início da Lava Jato para melhorar isso. A Lei das Estatais, promulgada por

---

[7] MINISTÉRIO DA JUSTIÇA. Departamento de Polícia Federal. Relatório conclusivo em referência ao Inquérito n. 4367/DF.

Michel Temer em junho de 2016, não impede a cooptação de funcionários concursados para fins (políticos) escusos. As empresas continuam pouco transparentes. E isso ajuda pessoas como Alexander Assis de Oliveira, filiado ao PSC e coordenador da campanha de Marcelo Crivella (PRB) ao governo do Rio de Janeiro em 2014, a ocupar cargos relevantes na esfera federal. Em seu currículo, Alexander lista o cargo de assistente do diretor financeiro e administrativo da Transpetro de 2008 a 2012. Afirma que "administrou uma carteira de mais de 180 contratos, com cerca de 250 fornecedores, em 47 terminais em todo o território nacional. Administrou mais de R$ 1 bilhão por ano, além de elaborar todo o planejamento estratégico 2010-2012 da Diretoria Financeira e Administrativa". O chefe de Assis nesse período era Rubens Teixeira, indicado ao cargo pelo então senador Crivella[8]. Em julho de 2017, Teixeira era secretário de Conservação e Meio Ambiente da prefeitura do Rio de Janeiro, comandada por Crivella. Assis era diretor de Administração e Finanças do Instituto Nacional de Metrologia, Qualidade e Tecnologia (Inmetro), ligado ao Ministério da Indústria, Comércio Exterior e Serviços, cujo titular era Marcos Pereira (PRB).

O ministro trocou mensagens pelo WhatsApp com Joesley Batista combinando de tomarem um vinho[9]. Segundo o empresário, "vinho" seria, na verdade, propina. Enquanto isso, a Controladoria-Geral da União suspeita que Assis comande

---

8 Escosteguy, Diego. Auditoria na Petrobras revela licitações dirigidas e contratos fajutos na Transpetro. *Época*, 9 ago. 2014. Disponível em: <http://epoca.globo.com/tempo/noticia/2014/08/auditoria-na-petrobras-revela-licitacoes-dirigidas-e-bcontratos-fajutos-na-transpetrob.html>. Acesso em: 29 ago. 2017.
9 Exclusivo: Em Mensagem, Joesley Combina "Vinho" com Marcos Pereira. *O Antagonista*, 29 maio 2017. Disponível em: <https://www.oantagonista.com/brasil/exclusivo-em-mensagem-joesley-combina-vinho-com-marcos-pereira/>. Acesso em: 28 ago. 2017.

um esquema de corrupção no instituto[10]. A Operação Lava Jato mostra que o dinheiro ilegal serve para o enriquecimento de políticos e empresários e, também, para o financiamento de campanhas eleitorais. Mesmo que, como em 2016, o financiamento empresarial continue proibido no país, nada indica que as eleições serão mais baratas. Se isso resultar em descobertas de crimes e na punição dos envolvidos, o país nada terá a comemorar. Continuaremos no equilíbrio "muita corrupção e muita punição" que, estranhamente, serve aos interesses dos políticos e de alguns órgãos de controle.

---

10 Martins, Marco Antônio. CGU investiga denúncias de irregularidades na administração do Inmetro no RJ. *G1*, Rio de Janeiro, 1 jul. 2017. Disponível em: <http://g1.globo.com/rio-de-janeiro/noticia/cgu-investiga-denuncias-de-irregularidades-na-administracao-do-inmetro-no-rj.ghtml>. Acesso em: 29 ago. 2017.

Contato com o autor:

spraca@editoraevora.com.br

Este livro foi impresso pela Assahi Gráfica em papel *Pólen Bold* 90 g.